Comprendre les sociétés multinationales

Collection « Géopolitique mondiale »

Dirigée par Mwayila TSHIYEMBE

L'objet de la collection « Géopolitique mondiale » est de susciter les publications dont la vocation est double : d'une part, donner un sens aux mutations provoquées par la mondialisation, étant donné la perte des repères du monde ancien et la nécessité d'inventer des repères du monde nouveau ; d'autre part, analyser la complexité des enjeux territoriaux, des rivalités d'intérêt et de stratégies qui pousse les acteurs à user de la force ou de la diplomatie, pour modifier ou tenter de modifier le rapport de force (ressources naturelles, humaines, culturelles), selon des idéologies qui les animent. A cette fin, la prospective et la pluridisciplinarité sont des approches privilégiées.

Déjà parus

Willy MBOMBO MANDEMBE, Patrice ONYENGA W'ONYENGA, *Poutine et l'espace vital dans la Russie postsoviétique*, 2019.

Émile NGOY KASONGO, *La clé de l'émergence de l'économie congolaise, Analyse critique et nouvelles orientations de politique économique,* 2018.

Jean-Pierre LOTOY ILANGO-BANGA, *Décentralisation chaotique en République Démocratique du Congo*, 2018.

Jean OTEMIKONGO MANDEFU YAHISULE, *Guerre des méthodes en sciences sociales, Du choix du paradigme épistémologique à l'évaluation des résultats,* 2018.

Mwayila TSHIYEMBE (dir), *Relations internationales, Une science appliquée au service du pouvoir, Mélanges en hommage au professeur Philippe Biyoya,* 2018.

Fraternel AMURI MISAKO, Abdon KASEREKA MAHALIBO, Jules KASEREKA MAHALIBO Jean OTEMIKONGO MANDEFU YAHISULE, *La recherche scientifique en sciences sociales et humaines*, 2018.

Willy MOLENGA LINGOTO

Comprendre les sociétés multinationales

Préface de Mwayila TSHIYEMBE

L'Harmattan

5-7, rue de l'Ecole-Polytechnique, 75005 Paris

www.editions-harmattan.fr

ISBN : 978-2-343-17919-3
EAN : 9782343179193

PRÉFACE

« Faire connaitre les multinationales » est une ambition justifiée par l'auteur de ce livre, quand on sait les malentendus qui ont émaillé les rapports de forces entre les nouveaux États indépendants et les entreprises multinationales.

Au lendemain des indépendances des colonies européennes d'Amérique, d'Asie et d'Afrique africaines, en effet, les multinationales sont accusées à tort ou à raison d'être la main invisible du néocolonialisme, c'est-à-dire ce mal qui repend la terreur contre les politiques teintées par le nationalisme économique (nationalisations des entreprises étrangères, protectionnisme de l'industrie nationale encore balbutiante contre la concurrence étrangère, promotion d'une économie de substitution aux produits coloniaux, contrôle des mouvements des capitaux, etc.).

Lorsque les coups d'État deviennent le mode régulier d'accès au pouvoir en Amérique latine, en Asie et en Afrique, les multinationales sont accusées d'être de mèches avec les nouveaux dictateurs.

Plus tard (les années 1980), lorsque la faillite de l'économie administrée contraint les dictateurs à rendre le tablier, c'est-à-dire tendre la main aux institutions de Bretton-Woods, les plans d'ajustement structurel du FMI, les conditionnalités et les privatisations imposées par la Banque mondiale, ont fini par achever l'agonie des secteurs vitaux de ces nouveaux États tels l'éducation, la santé, l'administration, les entreprises publiques, etc.

Revers de la médaille, la fin du monde bipolaire (effondrement du bloc communiste et de l'Union soviétique), l'avènement de la mondialisation caractérisée par le flux des capitaux, des biens, des services, des technologies, des religions, des personnes (migrations), etc., ont changé la donne.

La course aux capitaux et aux nouvelles nouvelles technologies a redonné des lettres de noblesse aux multinationales courtisées par tous les États du monde. Les États d'Amérique latine, d'Asie et d'Afrique ont été contraints de se mêler à la bagarre. Certes, l'émergence de la Chine, de l'Inde, du Brésil, de l'Afrique du Sud, peut donner du baume au cœur. Néanmoins, les pays émergents ne sont pas des enfants de chœur ou encore moins les bons samaritains, car les affaires sont les affaires et non une entreprise de charité.

Tant et si bien la stratégie de soft power enseignée par Joseph Nye s'impose à tous les États, afin d'attirer les investissements directs étrangers. Dès lors, faire connaitre les tenants et les aboutissants des multinationales, le côté positif et le revers de la médaille, aux élites nouvelles, est un devoir sacré pour les professeurs des universités, de ces pays pauvres très endettés.

L'histoire ne se répète pas, dit-on, mais l'histoire est un éternel recommencement. Car « c'est en sachant d'où nous venons et où allons que nous saurons quoi faire et comment le faire », disait Abraham Lincoln, président américain. Les batailles de demain se préparent aujourd'hui. À bon entendeur salut !

Mwayila TSHIYEMBE

INTRODUCTION

Cet ouvrage vise à amener les différents lecteurs à connaissance et à compréhension du phénomène multinational ainsi que ses effets sur l'économie mondiale et sur les économies nationales. En effet, depuis les années 1950, les sociétés multinationales sont devenues les acteurs les plus importants dans les flux internationaux de biens, de services et de capitaux, étant donné que le monde entier est devenu pour ces firmes un champ d'action unique d'investissement, de production et d'échange.

En effet, une multinationale est une entreprise qui produit là où le coût du travail est le moins cher, là où les qualifications sont les meilleures - notamment au sein de pôles de compétence -, vend là où les marchés sont les plus larges et les plus rentables et déclare ses bénéfices là où le FISC est le moins gourmand. Tout ceci afin de maximiser ses profits pour simultanément :

- rémunérer les actionnaires propriétaires du capital engagé (si possible entre 5%/an et 15%/an par distribution de dividendes) ;
- renforcer ses fonds propres nécessaires pour préparer le futur (en engageant des programmes de R&D et d'innovation, en rachetant des concurrents...).

À ce titre, les multinationales constituent aujourd'hui le principal vecteur de propagation des investissements internationaux et du progrès technique à l'échelle planétaire, passant ainsi pour la locomotive du développement et de la prospérité pour tous les hommes.

Ainsi les lecteurs seront censés connaître le phénomène de la multinationalisation des entreprises, le rôle des firmes multinationales dans la mondialisation de l'économie, leur impact sur les économies nationales ainsi que leurs rapports avec les États nationaux.

1. Notion de mouvements des capitaux

Il n'existe pas de définition internationale de l'expression « *mouvements de capitaux* ».

En ce qui concerne d'abord le concept de « *capital* », il désigne, au sens courant, la valeur de l'ensemble des biens que possède un particulier (valeurs mobilières, patrimoine foncier ou immobilier, argent liquide…).

Pour une entreprise industrielle ou commerciale, le capital représente l'ensemble des moyens financiers ou techniques qu'elle possède (machine, terrain, valeurs mobilières, bâtiments, stocks...). Parmi les distinctions les plus courantes, on peut noter le capital technique (moyens de production, c'est-à-dire les biens qui permettent de produire d'autres biens ou services, biens d'équipement) et le capital financier. Le capital nominal ou social correspond aux apports des actionnaires. Il est divisé en parts, que l'on appelle parts sociales dans le cas d'une SARL, ou actions dans le cas d'une Société Anonyme.

S'agissant maintenant l'expression *mouvements de capitaux*, elle revêt en général deux définitions : l'une au sens large englobant les paiements internationaux, et l'autre au sens étroit, retenue généralement par les organisations internationales.

Au sens le plus large, l'expression *mouvements de capitaux* désigne, selon David Hénaux (*Les mouvements internationaux de capitaux. Comprendre les crises financières*, http://books.google.be), « un transfert monétaire entre deux pays ». Il s'agit donc d'un flux financier transfrontière ou transfrontalier, c'est-à-dire un déplacement géographique de fonds financiers (prêts, emprunts, investissements, placements immobiliers...) d'un pays à un autre, d'où la dénomination de « mouvements *internationaux* de capitaux » que l'on donne généralement à ce phénomène.

Exemples :

- paiement consécutif à l'import-export,
- envoi par un travailleur immigré d'une partie de son salaire dans son pays d'origine,
- opérations de crédit (prêts octroyés par les banques commerciales d'un pays à des agents économiques étrangers, ou emprunts contractés par les agents économiques d'un pays auprès d'institutions financières étrangères.
- rachat par une entreprise du pays A d'une entreprise du pays B,
- achat par un particulier du pays A des actions à une bourse du pays B, etc.

Le pays d'où provient le fonds est appelé « pays d'origine », tandis que celui dans lequel s'effectue le versement est dénommé « pays d'accueil ». L'investisseur est habituellement une société multinationale, mais ce peut également être un individu ou un gouvernement.

Les entrées sont donc le fait d'étrangers (non-résidents) qui investissent dans un pays autre que le leur, y acquièrent des propriétés immobilières, ou accordent des prêts aux résidents de ce pays ; les sorties correspondent aux achats d'avoirs extérieurs par les résidents d'un pays qui remboursent en outre leurs emprunts à l'étranger.

Au sens étroit, qui est souvent retenu par les organisations internationales, l'expression *mouvements de capitaux* exclut les paiements internationaux, c'est-à-dire les transferts monétaires qui sont la contrepartie d'une transaction commerciale, connus sous le nom de *mouvements de capitaux induits* (paiement consécutif à l'import-export), et les transferts de fonds d'un pays à l'autre (cas du travailleur immigré qui envoie une partie de son salaire dans son pays d'origine). Elle ne désigne alors que les *investissements étrangers*, qui correspondent, selon le Manuel de la Balance des Paiements du FMI, aux différentes opérations financières destinées à agir sur les entreprises implantées dans un pays autre que le pays d'origine. L'investissement est ici entendu comme l'engagement d'une importante dépense aujourd'hui afin d'obtenir un bénéfice dans le futur. Son moteur est donc la perspective d'un profit.

Sous le terme d'Investissements étrangers se regroupent en fait deux grands types d'opérations : *investissements directs à l'étranger*, IDE en sigle, et *investissements de portefeuille*, qui sont des *mouvements de capitaux autonomes* (transferts d'espèces et d'investissements), lesquels correspondent aux opérations de caractère économique (investissements industriels et commerciaux, achats de propriétés immobilières, etc.).

a. L'investissement direct à l'étranger

Selon Wladimir Andreff, (1996, *Les Multinationales globales*, coll. « Repères », La Découverte), « l'IDE est un capital investi dans la propriété d'actifs réels pour implanter une filiale à l'étranger (greenfield investment) ou pour prendre le contrôle d'une entreprise étrangère existante ; il vise à établir des relations économiques durables avec une unité établie à l'étranger ».

Le seuil de contrôle retenu par les organismes internationaux comme le Fonds Monétaire International (FMI), la Banque Mondiale (BM) et l'Organisation de Coopération et de Développement Economique (OCDE) est fixé à 10 % du capital social de l'entreprise investie. En effet, dès que ce seuil est atteint, toutes les opérations subséquentes en capital entre l'investisseur étranger et l'entreprise résidente sont recensées dans les IDE. Ce seuil permet l'investisseur d'exercer une influence notable sur les décisions de gestion de l'entreprise investie (pouvoir de décision effectif dans sa gestion).

En outre, les IDE correspondent à des projets d'investissement durables (existence d'une relation à long terme entre l'investisseur direct et la société investie) obéissant à une logique industrielle ou productive (ex : création ou acquisition d'une unité de production à l'étranger).

Ainsi défini, l'IDE comprend à la fois l'opération initiale entre les deux entités et toutes les opérations financières ultérieures entre elles. C'est ainsi qu'il peut prendre plusieurs formes :

- la création ex-nihilo d'une unité de production (on parle alors d'IDE de création, aussi connu sous le nom anglais de greenfield investment) ;
- le rachat d'une unité de production existante (cette catégorie est également connue sous le terme anglais de brownfield investment ; les fusions-acquisitions transfrontalières appartiennent également à cette forme d'IDE) ;
- l'acquisition d'au moins 10 % du capital social d'une entreprise étrangère déjà existante (ce qui permet une maîtrise ou un contrôle partiel de l'entreprise investie par l'investisseur) ;
- les opérations entre une société mère et ses filiales (augmentation de capital, prêts, avances de trésorerie par la société mère, etc.) ;
- le réinvestissement local des bénéfices par une filiale située à l'étranger,
- la délocalisation d'un établissement à l'étranger (transférer d'une activité de production du pays d'origine vers un autre pays), etc.

b. L'investissement de portefeuille

L'investissement de portefeuille correspond, selon toujours Wladimir Andreff, à l'achat de titres privés ou d'État en vue de tirer un revenu de ce placement, sans intention d'acquérir un contrôle durable.

Ces titres privés ou d'État sont soit des *actions*, soit des *obligations*. Une action est un titre de propriété sur une part du capital de l'entreprise (Société Anonyme) ; l'actionnaire est donc copropriétaire de la société et, à ce titre, il a droit à une partie des bénéfices distribués, qu'on appelle « dividende ». En tant que titres de propriété, les actions ne sont pas remboursables. Une obligation par contre est un titre de créances ou d'emprunt émis par des agents économiques en déficit de paiement. Celui qui achète une obligation à une entreprise lui prête en fait de l'argent durant une durée déterminée. À échéance, l'entreprise rembourse l'obligation en versant entretemps des intérêts à son détenteur.

L'investissement de portefeuille est simplement un placement financier international de court terme obéissant à une logique à la fois financière (rentabilité de l'investissement financier) et spéculative (achat d'un actif - financier, mobilier, œuvre d'art, etc. -en espérant que son prix va monter et qu'on pourra le revendre plus tard avec profit), contrairement à l'IDE qui est une acquisition de moyens de production ou un achat d'actions à finalité économique. Il ne vise pas la prise de contrôle de l'entreprise investie, mais simplement la perception de ses dividendes. En effet, lorsqu'il s'agit de l'achat d'actions, le montant ne doit pas dépasser 10 % du capital social de l'entreprise investie, ce qui ne confère pas, contrairement à l'investissement direct, un pouvoir de décision effectif ou un droit de regard sur la gestion de cette entreprise.

Ainsi, toute participation au capital d'une entreprise résidente par une entité non résidente inférieure à 10 % est comptabilisée comme un investissement de portefeuille.

Cependant, ce seuil de contrôle ne peut être défini sans arbitraire, car il peut suffire de détenir moins de 10 % dans le capital d'une entreprise étrangère pour la contrôler. De ce fait, la distinction entre investissement de portefeuille à l'étranger et IDE, bien que nécessaire, est malaisée.

2. Notion de société multinationale

Il n'existe pas de définition simple, précise et communément admise de la notion de société multinationale. Par ailleurs, celle-ci est qualifiée de plusieurs manières quant au substantif et à l'adjectif de l'expression. En effet, les mots employés pour le substantif sont généralement au nombre de trois : *firme* dans le langage courant anglo-saxon, *entreprise* pour l'O.I.T., et *société* pour l'O.N.U., auxquels s'ajoute le terme « *groupe* ». Quant à l'adjectif, plusieurs termes sont également utilisés : *multinationale*, *internationale*, *transnationale*, *supranationale*, *mondiale*, etc. Mais les qualificatifs *multinational et transnational* sont les plus courants.

En fait, cette entité a évolué de la forme traditionnelle vers la forme en réseau.

a. La multinationale traditionnelle

Il existe deux tendances dans l'acception traditionnelle de la multinationale. En effet, une première tendance définit la multinationale comme une entreprise qui agit dans plus d'un pays.

C'est ainsi que pour Jean-Louis Mucchielli (1998, *Multinationales et Mondialisation*, éditions du Seuil, p. 18), « une multinationale est une entreprise qui possède au moins une unité de production à l'étranger ». Il est à noter que lorsqu'on parle d'unité de production, il faut avoir à l'esprit non seulement la production des biens matériels, mais aussi celle des biens immatériels (services).

De même, selon Charles-Albert Michalet (1976, *Le Capitalisme Mondial*, Presses Universitaires de France, coll. Quadrige, Paris) une multinationale est une entreprise « le plus souvent de grande taille, qui, à partir d'une base nationale, a implanté à l'étranger plusieurs filiales dans plusieurs pays, avec une stratégie et une organisation conçue à l'échelle mondiale ».

Le Cetim de son côté insiste sur une certaine centralisation, en définissant une multinationale comme une « entité légale de droit privé, agissant dans plusieurs États, mais avec un seul centre ou un centre principal de décision ».

Dans le même sens, René Sandretto définit la multinationale comme une « firme généralement de grande taille, dont l'organisation et la gestion sont le plus souvent centralisées, développant leur activité productive grâce à des filiales implantées dans plusieurs pays ».

Enfin, pour Sandrine Levasseur (« *IDE et stratégies des entreprises multinationales* », Revue de l'OFCE, mars 2002), « une multinationale (entreprise ou firme) est une entité qui réalise des opérations de production dans au moins deux pays. Elle est constituée d'une société-mère (résidente d'un pays) et d'au moins une filiale (résidente d'un autre pays) ».

Une autre tendance, plus extensive, considère plutôt qu'une entreprise devient multinationale quand elle contrôle des unités de production ou de distribution dans plus d'un pays.

C'est ainsi que pour le Petit Robert, « une multinationale ou transnationale est une entreprise implantée dans plusieurs pays par le biais de filiales dont elle détient tout ou une partie du capital ».

De même, la CNUCED (World Investment Report, 2004, p. 375) qualifie de multinationale « toute entreprise qui, indépendamment de sa forme juridique particulière, exerce un contrôle direct ou indirect sur les actifs possédés par une ou plusieurs autres entreprises situées dans des pays différents de celui où elle a installé son siège social ».

En fusionnant ces deux tendances de la conception traditionnelle, nous pouvons définir une multinationale commune entreprise qui détient des établissements ou qui contrôle des entreprises filiales dans un ou plusieurs pays distincts de celui de son siège social. Elle est constituée d'une société-mère (résidente d'un pays) et d'au moins une filiale (résidente d'un autre pays).

La *société mère* ou *maison mère* est la société qui détient une ou plusieurs unités de production ou de distribution à l'étranger ou qui exerce un contrôle sur leurs actifs (capital). Cependant, le terme *maison mère* est plus général que celui de société mère, car l'investisseur étranger peut ne pas être constitué en société.

La *filiale* est toute entreprise détenue ou dont tout ou partie du capital social est contrôlé par une autre entité.

L'ensemble constitué par la société mère et la (ou les) filiale(s) étrangère(s) est qualifiée de groupe multinational, d'entreprise multinationale ou encore de société transnationale. Le schéma ci-dessous illustre ces définitions :

Groupe multinational (entreprise multinationale,Société transnationale)

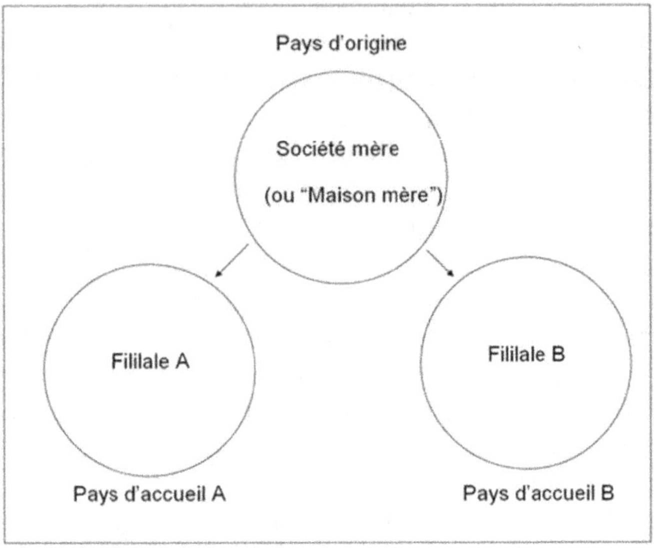

D'un point de vue statistique, on considère que dès qu'une maison mère contrôle plus de 50 % du capital d'une entreprise étrangère constituée en société donc dotée d'une autonomie juridique), cette dernière est considérée comme une *filiale* de la première. Si, par contre, la maison mère ne contrôle que 10 % à 50 % du capital de l'entreprise étrangère, on se trouve en présence d'une simple participation et l'entité étrangère forme une *société affiliée*. Si enfin le capital de l'entreprise étrangère est contrôlé à parts variables, égales ou non, par un certain nombre de maisons mères, elle devient une *co-entreprise* ou *joint-venture*, filiale commune à deux ou plusieurs sociétés de nationalités distinctes.

Par ailleurs, si, d'une part, l'entité étrangère n'est pas constituée en société, n'étant donc pas de la personnalité morale, et que, d'autre part, elle est détenue intégralement par un investisseur non résident, elle est une simple *succursale* ou, plus précisément, un *établissement stable* (sièges de direction régionale, bureaux de représentation, usines, terrains et lieu d'extraction de ressources naturelles).

b. La multinationale réseau

Sur le plan des structures productives, le modèle traditionnel de la multinationale n'est plus de mise. En effet, à partir de la dernière décennie du XXe siècle les multinationales se forment et croissent par partenariats interentreprises. Il faut entendre par « partenariat », sur le plan international, une relation dans laquelle au moins deux entreprises de nationalités différentes ayant des objectifs compatibles s'entendent pour travailler en commun, partager les risques ainsi que les résultats ou les gains.

Généralement, ce système vient d'une décision d'*externalisation*, stratégie qui consiste, pour l'entreprise initiatrice, à faire exécuter certaines opérations de son processus productif (conception, approvisionnement, fabrication de composants, assemblage, distribution) où son avantage compétitif est faible, par des partenaires plus spécialisés (autres entreprises, cabinets spécialisés, etc.), de manière à se recentrer sur un nombre restreint d'activités stratégiques pour lesquelles elles possèdent un savoir-faire spécifique (R&D, conception des produits, marketing, promotion).

En effet, face à la concurrence internationale acharnée survenue au milieu des années 1980, les multinationales ont eu de plus en plus tendance à réduire leurs coûts de production et leurs apports en capitaux pour demeurer compétitives. A cet effet, elles ont opté pour une externalisation des tâches n'appartenant pas au cœur de métier et à favoriser les formes organisationnelles sans participation au capital de l'entité à l'étranger (sous-traitance, licence et franchise, contrat de gestion, etc.) au détriment des formes basées sur l'acquisition de droits de propriété (création de filiale, joint-venture).

Un tel système se justifie par la volonté de l'entreprise initiatrice de profiter, d'une part, des avantages compétitifs ou concurrentiels de ses partenaires (ce que ces derniers savent faire mieux qu'elle), et, d'autre part, des avantages comparatifs des pays d'accueil (coût du travail, qualification de la main-d'œuvre, etc.) en vue de la réduction de ses coûts de production. En fait, il s'agit pour cette entreprise de se départir des activités dans lesquelles elle n'excelle pas en les transférant à des partenaires plus compétentes éparpillées sur la planète, pour se concentrer uniquement sur son activité principale ou son cœur de métier qu'elle maîtrise parfaitement. Une telle entreprise devient davantage un *réseau* étendu à l'échelle mondiale et fondé sur la spécialisation et l'interdépendance d'entreprises partenaires en vue d'être compétitif dans un environnement concurrentiel accru.

Ainsi se sont multipliées des « firmes réseaux », dites aussi « matricielles » ou « firmes virtuelles ». Une firme-réseau est, en effet, un ensemble d'entreprises, chacune spécialisée dans la production de certains biens et services et rassemblées par contrats pour la réalisation de projets communs. Une firme réseau comprend en général une entreprise pilote maître d'ouvrage (tête de réseau, chef de projet) qui travaille en étroite coopération, tant au niveau de la conception que de la fabrication et de la distribution, avec de nombreuses entreprises partenaires, permanentes ou occasionnelles (sous-traitants, franchisés, fournisseurs, distributeurs, consultants, experts…).

Pareille multinationale est appelée « globale », car elle a une vision mondiale, continentale ou régionale (au sens large : Europe de l'Ouest, Asie du Sud-est) de la production, des marchés et de la concurrence. Par ailleurs, elle localise ses activités là où elles sont les plus rentables, suivant les avantages comparés offerts par les pays, en n'importe quel point du globe. C'est ainsi qu'elle peut produire à Taiwan, assembler en Tunisie, construire sa campagne de Pub en Italie et vendre aux États-Unis.

Un exemple type d'une firme réseau est la multinationale américaine Pontiac qui fabrique le véhicule « Le Mans ». Cette fabrication fait intervenir neuf pays aux différents stades de la production et de la commercialisation : 30 % de la valeur de l'automobile revient à la Corée du Sud pour l'assemblage ; 17,5 % au Japon pour les composantes et la technologie de pointe ; 7,5 % à l'Allemagne pour la conception ; 4 % à Taiwan et à Singapour pour les pièces secondaires ; 2,5 % au Royaume-Uni pour les services de la publicité et de la vente ; et 1,5 % pour l'Irlande et la Barbade pour l'informatique. Cela signifie que seulement 37 % de la valeur de production revient aux États-Unis (Grossman et Helpman, 2002).

Une telle multinationale n'a plus de centre : elle devient un réseau à composantes multiples éparpillées à travers la planète et s'articulant les unes aux autres par des participations croisées et des accords de coopération de diverses natures (commerciale, financière, technologique, industrielle, etc.). De fait, les activités dans les pays d'origine n'ont plus de statut particulier : elles ne sont plus qu'une composante parmi tant d'autres.

À ce titre, les relations entre les composantes de ce réseau ne se fondent plus sur le contrôle central qu'exercerait une maison mère sur ses filiales, mais sur un contrôle réciproque que permettent les prises de participations de chaque composante dans les autres. Par ailleurs, la gestion courante est largement décentralisée. Pareille multinationale devient globale ou mondialisée, en ce sens qu'elle gère sur une base planétaire la conception, la production et la distribution des biens et services de son réseau.

Cependant, malgré l'externalisation croissante ou la globalisation de leurs activités, les multinationales conservent pour la plupart une identité nationale évidente. En effet, les centres de décision, de même que les activités stratégiques, dont le rôle est déterminant pour la compétitivité de la firme (recherche et développement de nouveaux produits, services financiers), restent directement rattachés au siège social de la maison mère dans le pays d'origine. À ce titre, le modèle de la méga-firme détachée de toute base nationale n'est pas le plus fréquent, car les plus grandes firmes continuent à s'appuyer sur une arrière base nationale.

On compte parmi les multinationales à stratégie globale notamment Ford, General Motors, IBM, Hewlett-Packard, Texas Instruments, ITT, Xerox, Monsanto, Du Pont, Mobil, Procter & Gamble, Levi Strauss, Sony, Mazda, Honda, Toyota, Hitachi, Toshiba, Asea Brown Boveri (ABB), Ciba-Geigy, Swissair, Volkswagen, Siemens, Philips, IKEA, Electrolux, ICI, Glaxo, BP, Thomson, Benetton, Hyundai.

En définitive, il existe un lien étroit entre les mouvements de capitaux et les firmes multinationales, car c'est en investissant dans la production à l'étranger que les firmes nationales deviennent des multinationales.

I. LA MULTINATIONALISATION DES ENTREPRISES

La multinationalisation est l'extension internationale des activités des entreprises à travers leurs investissements et leurs implantations à l'étranger. Elle est l'un des aspects les plus marquants de la stratégie et de l'organisation des firmes depuis la fin des années 1960.

En fait, les premières entreprises dont l'activité s'est mondialisée sont très anciennes. C'est ainsi que la Compagnie Orientale des Indes, fondée en 1602, peur être considérée comme une multinationale. Au XIXe siècle, on peut citer comme multinationale la firme belge « Cocquerill » qui, dès 1815, fabrique des biens manufacturés à l'extérieur de son pays d'origine, et notamment en Prusse. Il y a également la firme américaine « Singer » qui ouvre une filiale de production des machines à coudre en Écosse vers 1870. Il y a enfin l'industriel américain Samuel Colt qui fabrique des pistolets automatiques aux USA et en Grande-Bretagne dès 1885.

C'est cependant vers la fin des années 1970 que ces firmes sont montées en nombre et en puissance. En ce qui concerne le nombre, on comptait au début des années 1980, d'après les estimations de la Conférence des Nations unies sur le commerce et le développement (CNUCED), 7.000 multinationales. En 2004 elles étaient 65 000 contrôlant 850 000 filiales employant 54 millions de personnes (World Investment Report, 2004, http://www.unctad.org).

S'agissant de la puissance, les multinationales occupent une place très importante dans l'économie mondiale, puisqu'elles représentent à elles seules près des deux tiers (70 %) des flux commerciaux mondiaux. La plupart d'entre elles sont d'une taille relativement réduite, mais quelques-unes sont littéralement énormes, pouvant désormais être considérées comme étant comparables à des États. De fait, selon le Programme des Nations unies pour le développement (PNUD), en 1999, financièrement, la société américaine Ford équivalait à la Norvège, et les Japonaises Mitsui et Mitsubishi respectivement à l'Arabie saoudite et à la Pologne. De même, General Electric totalisait des recettes de 126 milliards USD en 2001, soit davantage que les revenus nationaux cumulés des pays d'Afrique subsaharienne, exception faite de l'Afrique du Sud. À cette époque, sur les 100 premiers acteurs économiques mondiaux, 55 étaient des multinationales.

CHAPITRE I
LES DÉTERMINANTS DE LA MULTINATIONALISATION

Les analyses et les enquêtes portant sur les sociétés multinationales permettent de distinguer cinq groupes principaux de motifs expliquant pourquoi les firmes mettent en œuvre une stratégie multinationalisation, à savoir : l'accès direct aux matières premières, la concurrence sur les marchés nationaux et internationaux, l'adaptation du produit aux spécificités de la demande locale, la minimisation des coûts de production, le contournement des barrières protectionnistes et la réduction des coûts de transaction.

1. L'accès direct aux matières premières

L'accès aux ressources du sol et du sous-sol constitue le mobile le plus ancien de la multinationalisation des firmes. En effet, les premières multinationales - qui ne portaient pas encore ce nom - sont apparues au début du XXe siècle dans les secteurs de l'extraction pétrolière, des mines de cuivre et de nickel, des plantations de canne à sucre, de bananiers ou d'hévéas.

Cependant, l'importance de ces premières multinationales a diminué dès la fin des années 1950 avec la disparition des empires coloniaux et l'apparition de produits synthétiques de substitution. Actuellement, leur champ d'activité se concentre principalement dans la distribution des produits primaires, dont elles déterminent en grande partie les cours sur les marchés internationaux.

2. La concurrence sur les marchés nationaux et internationaux

Sur le plan national, la perte d'un avantage spécifique (compétitif, concurrentiel) sur le marché national peut contraindre les entreprises à le l'exploiter à l'étranger, à moindre coût, afin de pouvoir continuer à le produire de façon rentable.

L'avantage compétitif est, en effet, ce que l'entreprise sait faire mieux que ses concurrents, ce qui lui confère une position de type monopolistique, c'est-à-dire dominante ou de force qui lui permet de se démarquer de ses concurrents. Un tel avantage est généralement fondé sur la technologie (brevet, savoir-faire ou connaissances spécifiques) et permet à l'entreprise de réduire ses coûts et de disposer d'une certaine compétitivité, qui est la capacité pour une entreprise ou une économie à conquérir des parts de marché en affrontant la concurrence. Cette compétitivité est due soit à un niveau de prix plus faible que les concurrents (compétitivité-prix), soit à une adaptation à la demande, à la qualité, au service après-vente, à l'image de marque, au délai de livraison, etc. (compétitivité hors prix ou structurelle).

Lorsque cet avantage disparaît du fait de l'imitation par les concurrents, l'entreprise qui le possédait se verra d'abord dans l'obligation d'exporter le produit à l'étranger pour compenser la diminution de ses parts de marché nationales (recherche de débouchés extérieurs suite à l'intensification de la concurrence sur le marché intérieur). Mais dès lors que cette firme adoptera cette stratégie, elle sera probablement imitée par les firmes concurrentes, ce qui l'incitera à implanter une unité de fabrication sur ce marché d'exportation afin de réduire ses coûts de transports et de rester ainsi compétitive en offrant son produit à des coûts inférieurs aux coûts exportateurs.

Sur le plan international, la concurrence entre multinationales est de caractère oligopolistique : pour un produit ou un secteur d'activité donné, un très petit nombre de firmes luttent pour le contrôle des parts du marché à l'échelle mondiale. C'est ainsi que lorsqu'une entreprise dite « leader » » entreprend de s'implanter à l'étranger par création d'une unité de production ou en rachetant une entreprise déjà existante, les autres firmes concurrentes du même secteur d'activité s'empresseront d'en faire autant afin de l'empêcher de construire des barrières infranchissables à l'entrée (mécanisme de la réaction oligopolistique).

De même, en réaction à un investissement réalisé dans un pays donné par une entreprise d'un autre pays, les entreprises du pays d'accueil tenteront à leur tour, par un comportement de symétrie, de s'implanter dans le pays d'origine de la première entreprise (mécanisme de l'échange de menaces). On parle dans ce cas d'investissements « croisés » ou « intra-branche ».

3. L'adaptation du produit aux spécificités de la demande locale

Pour bien connaître son marché (et s'y faire connaître), l'entreprise est parfois obligée d'être sur place (on parle de « distance psychique ») en vue de percevoir les spécificités de la demande locale afin d'y adapter son produit. De plus, en s'implantant localement, elle va créer son propre réseau de sous-traitants et de fournisseurs, limitant ainsi les velléités d'imitation.

C'est ainsi que pour faire face à la concurrence internationale, certaines productions sont « délocalisées » vers d'autres pays en vue d'une meilleure proximité avec les consommateurs de ces pays.

4. La minimisation des coûts de production

L'implantation locale, substituée à l'exportation, permet de réduire les coûts de transport. Elle donne en outre la possibilité, en délocalisant la production d'un pays où la main-d'œuvre est « chère » vers un autre où elle est « bon marché », d'abaisser les coûts de revient de biens dont la fabrication exige beaucoup de travail, comme les textiles ou les appareils électroniques. Dans ce cas de figure, le marché local n'est plus recherché comme débouché : les produits de la filiale-atelier (composants et pièces détachées principalement) sont exportés vers d'autres filiales du groupe multinational.

Cette stratégie, dite « globale », qui permet aux multinationales de produire au moindre coût pour demeurer compétitives, a pour zone de prédilection les pays de l'Asie du Sud-est : d'abord, dès la fin des années 1960, Singapour, Hongkong, Taiwan et la Corée du Sud ; ensuite, consécutivement à l'augmentation des salaires dans ces derniers pays, la Thaïlande, la Malaysia, l'Indonésie et la Chine du Sud. Elle se développe également au Mexique (phénomène des maquilladoras), au Maroc, en Tunisie et dans l'île Maurice. Elle concerne aussi des pays de l'Europe de l'Est.

5. Le contournement des barrières protectionnistes

La conquête de certains marchés par les exportations est parfois rendue difficile par les barrières protectionnistes (tarifs douaniers ou barrières non tarifaires) érigées par les États pour freiner l'entrée sur leur territoire de marchandises produites à l'étranger. La multinationalisation permet alors aux firmes de sauter par-dessus ces barrières protectionnistes soit directement, soit indirectement.

Il y a contournement direct lorsque, plutôt que d'exporter vers tel pays, la multinationale installe sur place - ou rachète - un appareil de production, s'ouvrant ainsi un accès direct au marché local. Cette stratégie est dirigée, en premier lieu, vers les grands marchés de consommateurs à fort pouvoir d'achat, telle l'Europe, qui a particulièrement attiré les investissements américains depuis la création du Marché commun en 1957, ou tel les États-Unis, dont le marché intérieur constitue désormais l'objectif numéro un des multinationales tant européennes que japonaises.

Il y a contournement indirect lorsqu'un marché est plus ouvert à certains pays qu'à d'autres. En effet, faute d'accéder à ce marché, les firmes désireuses d'y entrer vont implanter des usines de montage dans des pays qui y ont accès à seule fin de pouvoir y exporter sans être inquiétées par les droits de douane. C'est notamment le cas du marché européen, plus ouvert aux pays européens (Royaume-Uni, en particulier) qu'aux produits asiatiques, de sorte que depuis le milieu des années 1980, de nombreuses entreprises japonaises, puis coréennes, ont implanté des usines de montage au Royaume-Uni pour pouvoir exporter aisément leurs produits sur le marché continental européen.

Dans les deux cas, il s'agit pour les investisseurs de produire sur le marché où le produit sera consommé afin de ne pas être affecté par les tarifs douaniers à l'importation.

CHAPITRE II
LA LOCALISATION GÉOGRAPHIQUE DES ENTREPRISES MULTINATIONALES

Le choix d'une localisation de ses activités par une multinationale est fonction de l'attractivité territoriale du pays d'accueil potentiel. Cette attractivité est la capacité d'un territoire à attirer et à retenir les investissements étrangers afin de les ancrer dans un programme de développement durable.

En effet, les multinationales localisent leurs activités là où elles sont les plus profitables, suivant les avantages comparés et les risques économiques et politiques que présentent les divers pays d'accueil envisagés. C'est ainsi que depuis le milieu des années 1980, les pays se livrent une concurrence vive en ce qui concerne l'attraction de ces firmes, les autorités politiques et économiques s'efforçant de les capter sur leur territoire en vue de redynamiser leur système productif local.

Les pays doivent donc être compétitifs, c'est-à-dire disposer d'un avantage local à caractère dynamique, appelé *avantage à la localisation.* C'est ainsi qu'ils en sont réduits à un rôle de séduction de ces entreprises, d'autant plus que ces dernières n'hésitent pas, une fois implantées sur un territoire, à se relocaliser dans des pays dont le potentiel attractif est plus élevé. Il en résulte une véritable surenchère quant aux avantages fournis aux multinationales, car les États sont amenés à leur proposer des conditions d'implantation optimales.

Ces avantages à la localisation s'expriment en termes de disponibilité en matières premières, de qualification de la main-d'œuvre, de taille de marché, d'efficience des réseaux de transport et de télécommunication, de fiscalité, de lois sociales et de normes environnementales.

1. La disponibilité en matières premières

La localisation des entreprises se fait souvent à proximité des sources d'énergie et des matières premières. Ce sont alors les infrastructures, telles que les routes, les chemins de fer et les réseaux urbains, qui sont construites en fonction de la localisation de l'entreprise, ce qui attire également la main-d'œuvre et la population.

Mais une fois les premières implantations effectuées et les infrastructures mises en place, elles entraînent le plus souvent des localisations ultérieures d'entreprises, attirées là par l'existence d'une main-d'œuvre qualifiée et la taille du marché. D'où les phénomènes d'*agglomération* ou de *concentration géographique d'entreprises*.

2. La qualification de la main-d'œuvre

La qualité du capital humain (bon niveau d'expérience et de formation initiale des ingénieurs, des cadres et autres techniciens supérieurs), associée à l'existence d'un tissu industriel local performant, est aussi un déterminant fondamental de l'attractivité d'un territoire d'accueil des Ide eu égard au degré croissant de sophistication des technologies incorporées dans les procédés de production utilisés par les firmes multinationales.

En effet, dans la phase actuelle du développement, les facteurs cruciaux sont les facteurs de connaissance et les facteurs immatériels liés à la créativité et à la capacité d'utilisation innovatrice du stock existant de technologies et de connaissances codifiées.

C'est précisément un tel avantage à la localisation qui confère un avantage comparatif indéniable aux pays de l'Europe de l'Est en matière d'attraction des investisseurs étrangers.

3. La taille du marché

Une entreprise étrangère qui envisage de s'implanter sur un marché étranger le fera d'autant plus volontiers que ce marché est important (espace géographique élargi ou zone marchande intégrée dans un processus de régionalisation), en vue de tirer profit des différents potentiels nationaux en termes d'offre (coûts) et de demande.

Il lui sera ainsi plus facile de bénéficier d'économies d'échelle (diminution des coûts unitaires de production due à l'augmentation des quantités produites).

4. L'efficience des réseaux de transport et de télécommunication

Elle revêt une importance cruciale dans la mesure où l'espace internalisé de la firme repose sur une circulation des capitaux, des informations, des produits et des hommes entre les filiales implantées dans une grande diversité de nations. En effet, il est impérieux que les connexions entre les différents agents économiques se réalisent rapidement.

À ce titre, les zones qui bénéficient d'une infrastructure de transport moderne (bon réseau, bien interconnecté ou multimodal, de desserte - routes, canaux, voies ferrées, etc. -) seront privilégiées, tout comme la présence d'équipements et de réseaux de télécommunication sera déterminante.

5. La fiscalité

Les différences entre les pays concernant la fiscalité, notamment la fiscalité des profits, a un rôle discriminant dans le choix d'une localisation, les pays d'accueil à fiscalité jugée favorable étant plus attractifs.

C'est ainsi que les gouvernements de certains pays en développement mettent en place des avantages fiscaux pour attirer les multinationales.

6. Les lois sociales

Certains pays en développement, désireux d'attirer le plus possible d'Ide, recourent parfois au *dumping social* en mettant en œuvre une politique de manque de protection sociale en matière de revenu, d'heures de travail, de droits syndicaux, etc.

C'est ainsi que certaines multinationales sont tentées de se délocaliser pour profiter de manière abusive de ce manque de protection sociale dans les pays en développement.

7. Les normes environnementales

Les pays en développement désireux d'attirer les IDE sont également susceptibles de pratiquer un *dumping environnemental* exemptant les multinationales du respect des normes environnementales de droit commun, particulièrement en ce qui concerne l'exploitation minière, dévastatrice pour l'environnement. En effet, ces dernières années, de plus en plus de multinationales du secteur minier se sont déplacées vers l'hémisphère Sud où elles ne sont pas obligées se soumettre à des normes environnementales aussi strictes que dans les pays du Nord.

Pourtant les exploitations minières à grande échelle peuvent détruire irrémédiablement les habitats et les cultures des populations locales. En effet, elles produisent de vastes décharges, qui menacent la santé et la sécurité des habitants, notamment en raison des glissements de terrain qu'elles peuvent provoquer. Elles peuvent également contaminer des sources d'eau potable à proximité de la mine, mais parfois aussi très loin de là. Dans de nombreux cas, des forêts entières ont été rasées.

De même, pour toujours échapper à l'interdiction ou à la forte réglementation d'autres activités ou industries polluantes (tanneries, produits chimiques dangereux comme les pesticides…) dans leurs pays d'origine, les multinationales sont tentées de délocaliser ce genre d'activités ou industries dans les pays en développement.

CHAPITRE III
LES MODALITÉS DE LA MULTINATIONALISATION DES ENTREPRISES

Les modalités de l'entrée des entreprises multinationales sur les marchés étrangers sont multiples, mais le recours à l'une ou l'autre d'entre elles est fonction d'un certain nombre de facteurs, à savoir : le stade de production concerné par le processus d'implantation, la nécessité du partenariat et la présence des coûts de transaction.

1. Le stade de production concerné par le processus d'implantation

L'implantation d'une entreprise à l'étranger vise soit l'approvisionnement, soit la production, soit encore la vente de biens et de services.

a. L'approvisionnement

Les modes d'implantation utilisés par les entreprises qui veulent s'approvisionner à l'étranger sont notamment :

- l'*importation* ;
- la *sous-traitance*, contrat par lequel une entreprise (le sous-traitant ou preneur d'ordres) fabrique à la demande et selon les instructions d'une autre entreprise (le donneur d'ordres) des pièces ou des produits qui s'intègrent dans le produit fini du donneur d'ordres.

b. La production

Les trois modes d'implantation privilégiés par les entreprises qui souhaitent s'implanter pour produire (ou faire produire) sont :

- la *création de toutes pièces d'unités de production* (investissements Greenfield) ;
- la *fabrication sous licence*, contrat par lequel une entreprise peut fabriquer les produits d'une autre au moyen du savoir-faire technologique et managérial de celle-ci en échange d'un paiement ;
- la *fusion-acquisition* : la fusion est l'intégration dans une seule société de deux ou plusieurs sociétés existantes ; l'acquisition est un achat d'actions en bourse ;
- la *prise de participation* dans une entreprise étrangère déjà existante ;
- la *production* ou *l'assemblage de composants*, quand il s'agit de faire produire ;

c. La vente

Les principaux modes d'implantation ouverts aux entreprises qui souhaitent vendre à l'international sont :

- l'*exportation,* par l'intermédiaire d'un « importateur » du pays cible, c'est-à-dire en fait un distributeur local qui achètera les produits des firmes étrangères et les diffusera à travers son propre réseau ;
- l'*implantation d'un réseau de distribution* propre (modalité cependant rare, car très longue et très coûteuse), ou par diverses opérations de rachat et/ou fusion-acquisition
- la *distribution sous licence* ou au moyen du *système de franchise* (contrat par lequel une entreprise autorise une ou plusieurs autres entreprises à exploiter dans leur activité sa marque de fabrique, son enseigne et son expérience ou savoir-faire en matière de marketing) ;

• la *distribution directe par Internet* (commerce électronique ou e-business), qui nécessite le plus souvent d'avoir un site Internet attractif et fonctionnel, une logistique de livraison sur le territoire (entrepôts), etc.

2. La nécessité du partenariat

La réalisation d'un projet international nécessite aujourd'hui la signature des accords de partenariat en vue de minimiser les coûts. C'est ainsi que la principale modalité qui s'offre à l'entreprise pour ce faire est la *co-entreprise* ou *joint-venture internationale* (JVI), association entre un producteur étranger et un producteur du pays d'accueil dans le cadre d'une entreprise conjointe ou commune. Celle-ci présente divers avantages, à savoir :

• la possibilité d'apprendre et d'utiliser des techniques et des méthodes nouvelles à travers le partenariat (transfert de connaissances) ;

• la pénétration plus rapide d'un marché étranger lorsque la JVI se fait en partenariat avec une entreprise locale (celle-ci connaît mieux que l'entreprise étrangère les règles locales et les caractéristiques du marché) ;

• le partage des coûts et des risques en cas de difficultés au niveau de la répartition des fruits de la coopération.

3. Les coûts de transaction

Les entreprises opèrent habituellement sur le marché, où domine l'incertitude et où pèsent les « coûts de transaction » liés à l'information (découverte des prix adéquats), à la négociation, à la rédaction des contrats et au contrôle de leur exécution. Les firmes éliminent une grande part de ces coûts en recourant à l'*internalisation* ou à l'*intégration verticale* des différentes fonctions de la chaîne de production (études, conception, approvisionnement, fabrication de composant, assemblage, distribution), chacune de ces fonctions étant assumée par une unité spécifique appartenant à la firme.

Afin de maximiser leur compétitivité, les firmes peuvent localiser ces différentes fonctions de la chaîne de production dans différents pays en utilisant les avantages comparatifs de leurs différents territoires, d'où leur multinationalisation. Une telle organisation rend les firmes, devenues transnationales, plus efficaces que le marché comme système d'allocation des ressources, car à l'intérieur de leur espace homogène circulent sans entraves les capitaux, les produits, les technologies et les savoir-faire. En outre, les prix pratiqués par les différentes filiales du groupe ne sont plus des prix de marché, mais des prix de transfert fixés par les services de la maison mère.

On assiste ainsi à la constitution de réseaux transnationaux intégrés au sein d'une firme unique et dont la gestion est facilitée par les progrès des technologies de l'information permettant l'interconnexion de tous les sites de production et la gestion en temps réel des opérations.

CHAPITRE IV
LES STRATÉGIES DES MULTINATIONALES

Les stratégies des multinationales sont relatives aux prix de transfert, à la gouvernance ainsi qu'à la recherche et développement.

1. Les stratégies des prix de transfert

Les prix de transfert, ou de cession interne, sont les prix auxquels se font les transactions intra-firmes, c'est-à-dire entre les filiales ou des entreprises qui appartiennent à un même groupe, mais qui sont localisées dans des pays différents.

Ce commerce intra-firme échappe au marché, car les prix pratiqués pour les produits et les services échangés entre filiales dans ce cadre sont fixés non pas sur le marché en fonction de l'offre et de la demande (prix de pleine concurrence), mais au sein du groupe soit par la filiale, soit par la maison mère, et cela souvent de manière arbitraire afin de comprimer les charges fiscales de la multinationale.

L'objectif de ces prix est donc l'optimisation fiscale à l'échelle planétaire, en ce sens que la multinationale cherche à faire apparaître les valeurs là où elles sont le moins taxées. Le mécanisme utilisé à cet effet est soit la *sous-facturation* dés livraisons des filiales aux maisons-mères, soit la *surfacturation* des importations des filiales provenant du siège social. En effet, la sous-facturation consiste à abaisser artificiellement le prix à l'exportation des marchandises en provenance des pays d'accueil pour réduire les impôts prélevés sur les filiales dans ce pays ; la surfacturation quant à elle consiste à majorer artificiellement les prix que les filiales installées dans les pays d'accueil paient aux maisons-mères pour l'achat de biens d'équipement et de produits intermédiaires.

En diminuant ainsi les profits de leurs filiales et en gonflant leurs coûts, les multinationales paient moins d'impôts dans le pays d'accueil.

Cependant, à partir des années 1980, la fixation de ces prix n'est plus laissée à la discrétion des entreprises multinationales ; elle est plutôt largement encadrée par les principes directeurs de l'OCDE et par les législations nationales. L'OCDE par exemple a mis au point le *principe de pleine concurrence*, qui veut qu'à des fins fiscales les transactions entre filiales soient régies par les mêmes règles que des transactions identiques qui auraient lieu entre des entreprises indépendantes.

2. Les stratégies de gouvernance

Le terme gouvernance désigne, pour la plupart de ceux qui l'emploient (secteur public et secteur privé), un mouvement de « décentrement » de la prise de décision, qui consiste dans le transfert ou le partage du siège de la décision entre plusieurs centres et acteurs (multiplication des lieux et des acteurs impliqués dans cette décision).

Les stratégies de gouvernance sont au nombre de trois, à savoir la gouvernance d'entreprise, la responsabilité sociale des entreprises (RSE) et la responsabilité environnementale des entreprises.

a. La gouvernance d'entreprise

La gouvernance d'entreprise (GE) est l'ensemble des mécanismes qui ont pour effet de délimiter et d'influencer les décisions des managers, ou qui gouvernent leur conduite et définissent leur espace discrétionnaire (G. Charreaux, 1997, Le Gouvernement des entreprises, corporate governance, Théorie et Faits, Economica).L'objectif visé est le passage d'un gouvernement d'entreprise dominé par le pouvoir des managers à un gouvernement d'entreprise plus équilibré, au sein duquel le pouvoir tend à se répartir entre les actionnaires, les managers, mais aussi les salariés et les consommateurs.

Il existe deux grands modèles de la gouvernance d'entreprise : le système de la valeur actionnariale (shareholder value en anglais) et celui de la valeur partenariale (stakeholder value en anglais).

Le premier modèle a pour objectif d'atteindre la maximisation du profit pour l'actionnaire (pays anglo-saxons). À cet effet, les managers sont contrôlés par les assemblées générales d'actionnaires.

Le second modèle a pour objectif de défendre les intérêts de l'ensemble des parties prenantes de l'entreprise. Les acteurs principaux sont les actionnaires, la direction et le conseil d'administration. Les autres parties prenantes incluent les employés, les fournisseurs, les clients, les banques ou autres prêteurs, le voisinage (prise en compte de l'impact environnemental par exemple) et la communauté au sens large.

La gouvernance d'entreprise permet aux ayants droit et partenaires de l'entreprise de voir leurs intérêts respectés et leurs voix entendues dans le fonctionnement de celle-ci. La notion s'est développée à la suite de grands scandales financiers ayant affecté un actionnariat important (affaire Enron), du mépris de l'éthique (Nike et le travail des enfants) et de la destruction de l'environnement (Bhopal en Inde).

b. La responsabilité sociale des entreprises

Depuis 2002, le World Business Council for Sustainable Development dé fi nit la *responsabilité sociale de l'entreprise* comme son engagement à « contribuer au développement économique durable, en travaillant avec les employés, leurs familles, la communauté locale et la société pour améliorer leur qualité de vie ».

Le comportement des firmes est ainsi mis au cœur de la responsabilité sociale des entreprises. Il s'agit du respect des valeurs éthiques (traitement équitable des salariés, respect des droits humains, interdiction du travail des enfants pour des salaires de misère et dans des conditions d'insalubrité épouvantable, etc.) et des objectifs de long terme servant le bien-être de la société.

Les principaux axes de la responsabilité sociale sont l'impact local et le traitement des ressources humaines.

- ***L'impact local des multinationales***

Cet impact local positif des multinationales s'analyse en termes de *délocalisation*, pratique qui consiste, pour une entreprise souvent transnationale, à fermer une unité de production sur le territoire national pour la réinstaller dans un pays où les conditions de production sont jugées pus favorables en raison :

- soit de coûts plus bas (main-d'œuvre peu coûteuse, meilleur accès aux ressources naturelles, fiscalité et réglementation plus attractives) ;
- soit d'un pôle de compétence technologique, ou du moins d'un personnel compétent ;
- soit d'infrastructures mieux adaptées ou d'un équipement plus attrayant ;
- soit d'un marché local assurant des débouchés plus vastes ou intéressants.

La délocalisation est donc un déménagement d'une unité de production par l'intermédiaire d'un investissement direct à l'étranger.

Si les délocalisations sont une connotation négative dans l'opinion publique occidentale, car elle sont accusées d'être responsables en particulier de la désindustrialisation des économies du Nord et des destructions d'emplois correspondants (l'emploi part à l'étranger), le développement social responsable y voit en revanche une chance pour les pays du Sud dans la mesure où elles permettent un transfert d'activité, d'emplois, de savoir-faire et de techniques vers ces pays, qui ouvrent des marchés aux entreprises des pays développés, lesquels peuvent accroître leur activité et leurs emplois.

En fait, l'effet des délocalisations sur l'emploi est discutable, car les créations d'emplois sont limitées, voire même inexistantes. En outre, très peu d'emplois de services, qui représentent 70 % de l'emploi dans les pays industrialisés, sont susceptibles d'être délocalisés, car ils supposent une proximité des producteurs et des consommateurs.

- ***Le traitement des ressources humaines***

Il s'analyse en termes de non-discrimination ou de parité des rémunérations entre hommes et femmes, ainsi que d'égalité des chances d'accès aux fonctions les plus hautes des entreprises pour les femmes.

La même problématique de parité des rémunérations et d'égalité des chances d'accès se retrouve en matière de discrimination raciale.

c. La responsabilité environnementale des multinationales

Les multinationales jouent un grand rôle dans la dégradation de l'environnement comme en témoignent les marées noires à répétition et la perspective d'un réchauffement climatique lié aux rejets croissants d'oxydes de carbone dans l'atmosphère (rejets causés par la combustion du pétrole et son utilisation par l'industrie automobile).

Mais la pression exercée par les consommateurs et surtout par les ONG et certains médias empêche aujourd'hui la réalisation d'implantations dont les conséquences sont trop néfastes à l'environnement de vie local, mais également national et international. À cela s'ajoute le fait que l'accès aux marchés des pays les plus développés, qui sont encore les marchés les plus rentables, est conditionné par l'adoption de technologies propres.

Par ailleurs, d'un point de vue international, le *Protocole de Kyoto*, signé en 1997, puis ratifié par un nombre suffisant de pays depuis 2005, est maintenant en vigueur depuis 2006. Les engagements de Kyoto prévoient l'attribution à chaque pays d'un quota d'émission qui sera ensuite réparti entre les entreprises par le jeu d'un marché des droits d'émission ou « permis de polluer ».

Avec tout ce train de mesures, les multinationales sont conduites à assumer pleinement leur responsabilité environnementale et à jouer la carte du développement durable.

3. Les stratégies de recherche et développement

L'activité de la R&D consiste dans la production des connaissances et leur intégration dans des produits et des processus existants ou nouveaux (innovation). Elle fait des multinationales les créatrices et les vecteurs du progrès technique à l'échelle planétaire.

a. La création du progrès technique

Les connaissances scientifiques et techniques sont devenues les matériaux essentiels de la nouvelle économie

(économie du savoir) : ce sont elles, plutôt que les matières premières agricoles et minérales, qui rendent aujourd'hui possible la création des produits et des services dont cette économie a besoin, qui permettent donc la création des richesses au 21e siècle.

C'est à ce titre que les multinationales engagent dans la recherche et développement d'énormes dépenses, parfois supérieures à celles des États, pour générer de nouvelles connaissances scientifiques et techniques et les appliquer à leur propre système de production (de la conception des produits nouveaux à la relation avec leurs clients) en vue de renforcer leurs avantages spécifiques et d'assurer ainsi leur compétitivité (capacité à conquérir des parts de marché en affrontant la concurrence).

En effet, les connaissances scientifiques et techniques deviennent la seule source durable d'avantage compétitif étant donné qu'elles permettent à l'entreprise d'atteindre un niveau de performance supérieur dans l'exécution de tâches dans lesquelles elle est meilleure que ses concurrents. C'est pour ce faire que l'entreprise concentre, au-delà de ses différentes activités, son énergie sur les techniques qu'elle est seule à maîtriser en vue de les exploiter au mieux. D'où la course à la R&D pour transformer leurs manières d'innover, leurs modes de production et leurs stratégies commerciales.

Pour mieux cerner le rôle des multinationales dans la création du progrès technique au niveau mondial, on décompose généralement la R&D en trois catégories principales, à savoir la *recherche fondamentale*, la *recherche appliquée* et le *développement*.

- La recherche fondamentale a pour objectif d'atteindre une meilleure compréhension d'un phénomène, sans se soucier des applications possibles et en tout cas sans se soucier d'application spécifique.

- La recherche appliquée se distingue de la recherche fondamentale en ce qu'elle est entreprise dans le but de satisfaire un besoin spécifique, préalablement identifié.
- Le développement enfin correspond à l'utilisation de la recherche, qu'elle soit fondamentale ou appliquée, pour améliorer des produits ou des procédés existants ou en inventer d'autres.

La recherche fondamentale est largement financée sur fonds publics, tandis la recherche appliquée et le développement sont menés par les entreprises multinationales qui, de par leur réseau mondial de filiales dédiées à la R&D, constituent une force essentielle qui engendre le progrès technique.

b. La diffusion du progrès technique dans le monde

Grâce au progrès des technologies de communication, qui ont permis une diminution de leur coût, il est désormais possible aux multinationales de « fragmenter » la R&D, c'est-à-dire d'éclater la fonction de R&D de l'entreprise au sein de différentes filiales réparties dans le monde. La communication entre les chercheurs reste possible grâce à Internet, à la vidéoconférence et au travail collaboratif, techniques qui permettent de faire de plus en plus abstraction de la géographie dans les choix de localisation.

Avec le travail collaboratif par exemple, on assiste à l'émergence d'un laboratoire global dont le personnel travaille « 24 heures sur 24 » en mettent à profit les différences de fuseaux horaires. C'est ainsi que, à titre illustratif, une équipe d'ingénieurs informaticiens, répartie entre Bangalore (Inde), Palo Alto (USA) et Londres (Angleterre), et chargée du développement d'un logiciel, peut effectuer un travail en réseau : à la fin de sa journée, l'équipe de Bangalore télécharge son travail à l'intention de l'équipe de Londres qui, à son tour, apporte sa contribution et fait suivre à l'équipe de Palo Alto et ainsi de suite.

Cette internationalisation de la R&D se fait même au profit des pays émergents (Chine, Inde, Brésil, PECO) en raison de la pénurie, dans les pays développés, de chercheurs et de personnels spécialisés dans la recherche publique et privée du fait du vieillissement de la population. C'est ainsi que ces pays émergents, dans la mesure où ils ont un potentiel énorme de main-d'œuvre dont les qualifications ne demandent qu'à être exploitées, sont largement bénéficiaires de la délocalisation des activités de R&D, ce qui leur permet de renforcer et de moderniser leurs industries, d'utiliser des équipements plus perfectionnés et de fabriquer des produits et des services plus élaborés.

Cependant, les pays en développement qui participent à l'internationalisation de la R&D sont encore peu nombreux. En effet, l'activité de R&D nécessite des compétences, une logistique et une infrastructure de formation et d'information qui n'existent pas encore dans ces pays de façon aussi complète qu'aux États-Unis, au Japon ou en Europe. Mais le fait que des pays comme l'Inde et la Chine attirent de plus en plus de filiales de R&D montre qu'il est possible d'acquérir les capacités nécessaires pour se « raccorder » aux réseaux mondiaux du progrès technique tissés par les multinationales. De fait, si la main-d'œuvre de ces pays est actuellement un peu moins formée à la R&D que les ingénieurs et techniciens des pays développés, la formation « en interne » et l'expérience « sur le tas » au sein des centres de R&D pourraient progresser de façon extrêmement rapide.

II. LES MULTINATIONALES ET LA MONDIALISATION ÉCONOMIQUE

Selon Yves Flückiger (yves.flueckiger@ecopo.unige.ch), la mondialisation peut être définie comme un processus d'intégration économique entre les pays qui contribue à les rendre interdépendants en raison notamment de la libre circulation des biens et des services, des capitaux, des hommes, des idées et de la technologie. Dans le même ordre d'idée, ce terme désigne « un processus historique par lequel des individus, des activités humaines et des structures politiques voient leur dépendance mutuelle et leurs échanges matériels autant qu'immatériels s'accroître sur des distances significatives à l'échelle de la planète » (Mondialisation, http : //WWW.techno-science.net). Bref, la mondialisation consiste en l'interdépendance croissante des économies et contribue à l'expansion des échanges et des interactions humaines.

La genèse du terme explique que ce processus soit le plus souvent envisagé sous le seul aspect de la mondialisation économique. Mais la mondialisation ne se limite pas à la seule dimension économique. Elle touche aussi des aspects politiques, sociaux et culturels.

L'aspect culturel de la mondialisation se traduit par l'accroissement des échanges d'idées, d'informations et d'opinions, en raison des progrès spectaculaires des nouvelles technologies de l'information et de la communication (NTIC) ; en effet, la télévision, le téléphone portable, l'antenne parabolique et Internet se révèlent aujourd'hui efficaces pour connecter les gens entre eux aux quatre coins du monde, qui est ainsi devenu un « village planétaire ». Mais le revers de la médaille est que cette mondialisation culturelle propage l'immoralité (pornographie), la violence et le matérialisme, valeurs qui sont souvent tout à fait étrangères à la culture locale de beaucoup de pays, dont les habitants veulent imiter le mode de vie occidental sans pouvoir jamais y accéder dans leur majorité.

L'aspect politique de la mondialisation se manifeste à travers le développement d'organisations internationales et d'ONG.

L'aspect sociologique de la mondialisation enfin découle de l'interconnexion, de l'interdépendance des sociétés à l'échelle mondiale. De fait, tout ce qui se passe quelque part dans le monde affecte la vie et l'avenir des gens partout ailleurs.

En toute rigueur donc, il conviendrait de parler des mondialisations, afin de distinguer le domaine considéré (économie, culture, politique) et la période historique envisagée. Bref, le terme mondialisation désigne l'extension planétaire des échanges, qu'ils soient culturels, politiques, économiques ou autres.

Néanmoins, ce terme est souvent utilisé aujourd'hui pour désigner la *mondialisation économique*, que J.L.Ferrandéry (1996) définit comme un processus d'intégration économique mondiale qui se traduit par l'ouverture des frontières nationales à la libre circulation de biens, de services, de main-d'œuvre, de technologie et de capitaux, ce qui permet aux activités capitalistes d'étendre leur champ d'action à l'ensemble de la planète. Un tel processus conduit à la constitution d'un marché unique qui tend à devenir universel ou global à l'échelle planétaire par abaissement des frontières entre les économies, les nations. Ce marché mondial devient l'unique régulateur économique : il contourne et démantèle des frontières physiques et des réglementations qui s'opposaient à la mobilité de bien, de servies et de capitaux sur la planète.

CHAPITRE I
APERÇU HISTORIQUE DE LA MONDIALISATION

Si le vocable « mondialisation » est récent, il désigne cependant différentes périodes de l'Histoire, dont certaines sont fort anciennes. Ce phénomène a, en effet, commencé depuis bien longtemps.

1. L'Antiquité

Le processus de mondialisation commence avec la fondation de l'Empire perse (vers 556 – 330 av. J.-C.) qui permet d'établir un contact commercial indirect entre les colonies phéniciennes et grecques et les cités indiennes.

Loin de mettre un terme à ce processus d'unification commerciale et culturelle du monde antique, la destruction de l'Empire perse, et la formation des États hellénistiques va l'accroître sensiblement. Ainsi la « mondialisation » hellénistique partage-t-elle de nombreux traits communs avec celle de notre temps :

- le brassage des populations : installation des Grecs un peu partout dans l'empire perse à la suite des conquêtes d'Alexandre, création des cités cosmopolites à l'exemple d'Alexandrie, peuplée de Grecs, d'Égyptiens, de Juifs et d'Orientaux, etc. ; la constitution d'une culture mondiale : universalisation de la culture grecque que s'efforcent d'acquérir les non-Grecs ;
- l'intensification et la mondialisation des échanges : développement du commerce, mise à mal les barrières

douanières en raison de la quasi-disparition de toute autorité impériale, etc.

Toujours dans l'Antiquité, l'extension de l'Empire romain s'apparente à une mondialisation organisée autour de la Méditerranée.

2. Le Moyen Âge

Si, au Moyen Âge, on ne peut pas vraiment parler de mondialisation, on constate pourtant que des évènements politiques et culturels majeurs ponctuent l'Histoire, à savoir :

- l'extension de l'Empire byzantin à partir du VIe siècle (empereur Justinien) ;
- la formation de l'empire carolingien aux IXe siècle-Xe siècle ;
- l'extension musulmane ;
- l'ouverture de routes commerciales dès la fin du Xe siècle ;

Mais il faut attendre les grandes découvertes au XVe siècle pour assurer la connexion entre les différentes sociétés de la Terre et la mise en place d'une « économie-monde ». Ces changements s'accompagnent d'une extension considérable de l'espace connu ainsi que des échanges économiques, technologiques et culturels entre civilisations.

3. Le XIXe siècle

Une mondialisation centrée sur l'Atlantique culmine au XIXe siècle. En effet, entre 1870 et 1914 naît un espace mondial des échanges grâce à l'abaissement des coûts de transport avec la généralisation de la machine à vapeur, et des coûts de communication avec le développement du télégraphe.

Ces deux éléments permettent la mise en communication des différentes parties du globe et d'importants transferts d'hommes, de biens et de savoirs en fonction des inégalités de peuplement, de richesse et de pouvoir. Ce siècle voit ainsi se dérouler des flux de population à l'échelle planétaire, particulièrement avec la migration massive des Européens (plus soixante millions) vers les Amériques, l'Australie, l'Algérie...).

Au niveau économique, l'industrialisation rend possible le développement d'échanges de produits manufacturés entre pays industrialisés et en cours d'industrialisation, tandis que la colonisation entraîne des flux de matières premières depuis les colonies vers l'Europe. La colonisation avait eu également pour effet d'intégrer l'essentiel de la planète dans un espace politique commun, et de favoriser des transferts financiers vers les colonies.

4. Le XXe siècle

Les débuts du XXe siècle (1914-1945) sont marqués par un repli de nombreux pays sur eux-mêmes, ces pays ayant trouvé dans ce repli une solution à la récession économique de 1929 : mise en place des quotas à l'immigration aux États-Unis, érection des barrières douanières par la plupart des pays dans le but de protéger leur économie, etc., ce qui marque le point d'arrêt quasi total de la mondialisation.

Le rejet de ce processus dépasse même le simple plan économique pour s'étendre à la politique, avec l'effondrement de la Société des Nations, la montée des nationalismes étatiques et un refus des cultures étrangères et des étrangers eux-mêmes qui tourne souvent à la xénophobie. La mondialisation n'est plus à l'ordre du jour jusqu'à la Seconde Guerre mondiale.

Cependant, de 1945 à 1980, la volonté de collaboration reprend le dessus en particulier parce que les gouvernements ont eu le sentiment que la coopération était la meilleure voie pour prévenir des nouveaux conflits. C'est ainsi que cette période a été caractérisée par la création d'organisations internationales (ONU, Banque mondiale, FMI, GATT), ainsi que par une réduction des barrières douanières essentiellement sur les échanges de biens manufacturés entre pays développés.

Par ailleurs, le début des années 1980 est marqué par l'irruption de quelques groupes de pays en développement dans les marchés globalisés (Corée du Sud, Taïwan, Chine, Malaisie, Thaïlande, Inde, Brésil, Argentine, Mexique...). Mais on enregistre dans le même temps une marginalisation croissante de vastes zones géographiques (Afrique, essentiel de l'Asie) ainsi que des secteurs primaire (agriculture) et tertiaire (services) dans l'économie mondiale. Néanmoins, l'amélioration des flux d'information ainsi que l'assouplissement des lois portant sur l'investissement étranger favorisent la mise en place de marchés financiers d'échelle internationale.

CHAPITRE II
LES FACTEURS DE LA MONDIALISATION

Ce mouvement de mondialisation est favorisé par divers facteurs parmi lesquels on peut citer les décisions politiques de déréglementation et de libéralisation ainsi que les évolutions technologiques.

1. Les décisions politiques de déréglementation et de libéralisation des échanges

La déréglementation (ou dérégulation) est la diminution voire la suppression des contrôles et des règles qui encadrent l'activité économique dans certains secteurs afin de favoriser la concurrence. La libéralisation quant à elle désigne l'action de rendre au marché la production de biens et de service autrefois sous contrôle public pour favoriser la concurrence ;

2. Les évolutions technologiques

Les nouvelles technologies de l'information et de la communication (NTIC) permettent aujourd'hui non seulement de transporter les textes, les chiffres, l'image et la voix avec une grande efficacité, mais aussi de réduire les durées de transmission, au point que les distances entre les hommes ne constituent plus un obstacle. En effet, aux moyens de transport traditionnels, qui sont encore en plein essor, car stimulés par le commerce mondial (navires, chemin de fer, route et fret aérien), se sont ajoutés :

- de nouveaux moyens de communication, apparus depuis quelques décennies, à savoir les satellites (pour la transmission rapide de l'information), le téléphone et ses dérivés (fax), les fibres optiques, qui permettent de transmettre massivement et très rapidement des données immatérielles (capitaux, produits financiers, images télévisées…) dans le monde ;
- l'informatique et l'Internet, dont le développement très rapide permet une circulation immédiate des données.

En diminuant les coûts d'information et de communication et en accélérant la vitesse de réaction des marchés, ces technologies de pointe modifient les conditions de fonctionnement du marché.

CHAPITRE III
LES ACTEURS DE LA MONDIALISATION

Les principaux acteurs de la mondialisation sont les États, les multinationales et les organisations internationales.

1. Les États

L'État est en principe une organisation souveraine qui administre une communauté établie sur un territoire défini, limité par des frontières.

En tant qu'acteurs de la mondialisation, les États, surtout ceux du Nord (EU et UE), sont amenés, à travers leurs actions aux formes très variées, soit stimuler le commerce avec les autres nations (baisse des tarifs douaniers, par exemple), soit au contraire à restreindre le (protection non tarifaire par exemple).

2. Les organisations internationales

Les organisations internationales jouent un grand rôle dans la promotion du libre-échange, contribuant ainsi à la mondialisation. L'OMC par exemple (Organisation mondiale du commerce), qui compte 147pays (2004), cherche à promouvoir le libre-échange, à abaisser les tarifs douaniers et à réglementer le commerce.

Des organisations régionales aussi essaient de développer la libre circulation des marchandises entre les pays qui les constituent. C'est le cas par exemple de l'ALENA (Accord de libre-échange Nord Américain) ou NAFTA en anglais (E-U, Canada, Mexique), de l'APEC (Asian Pacific Economic Cooperation), constitué de 21 pays autour du Pacifique. Il s'agit là de zones de libre-échange (espace dans lequel les marchandises, et parfois les capitaux et les services, circulent librement entre les États).

C'est également le cas de l'Union européenne, qui comprend pour l'instant 25 pays. Mais l'UE est aussi une organisation politique puisque les États membres lui confient une partie de leurs compétences. C'est le regroupement le plus ambitieux.

C'est enfin le cas du Mercosur (Mercado Comundel Sur, ou Marché commun du Cône sud), entente d'intégration économique conclue officiellement en 1991 entre l'Argentine, le Brésil, le Paraguay et l'Uruguay, avec comme principal objectif l'augmentation de l'efficacité des quatre économies membres par un processus d'ouverture des marchés et d'accélération du développement économique. Le Mercosur est une union douanière (Droits de douane supprimés à l'intérieur de l'organisation), mais les États membres appliquent un tarif extérieur commun aux pays extérieurs.

3. Les multinationales

Les multinationales sont des acteurs majeurs de la mondialisation étant donné que dans la mesure où elles cherchent, à chaque instant, les meilleures opportunités de production, d'achat et de vente au niveau planétaire, elles constituent une force qui fait éclater les frontières nationales. C'est ainsi que leur activité contribue fortement à la croissance de l'investissement direct à l'étranger, du commerce international et des flux financiers internationaux, lesquels constituent les trois piliers de la mondialisation de l'économie.

À cet effet, leurs stratégies sont multiples. La plus souvent suivie jusqu'au milieu des années 80 a consisté en une *internalisation* ou *intégration verticale* des différentes fonctions de la chaîne de production (études, conception, achats, production, commercialisation) localisées dans divers pays. Mais avec l'intensification de la concurrence et de nouvelles exigences de rentabilité, les entreprises ont eu de plus en plus tendance à se recentrer sur un nombre restreint d'activités stratégiques pour lesquelles elles possèdent un savoir-faire spécifique (R&D, conception des produits, marketing, promotion) et préfèrent recourir à l'*externalisation* pour les fonctions ou les produits où leur avantage compétitif est faible (partenariat avec d'autres producteurs à travers le monde).

CHAPITRE IV
LES ÉTAPES DE LA MONDIALISATION

Selon l'OCDE, le processus de mondialisation s'est, au cours de l'Histoire, déroulé en trois étapes que sont successivement l'*internationalisation*, liée au développement du commerce mondial de biens et de services qui se produit dans la seconde moitié du XIXe siècle, la *multinationalisation* ou la *transnationalisation*, lit au développement des flux d'investissement et des implantations à l'étranger des firmes multinationales surtout après la seconde guerre mondiale, et, enfin, la *globalisation*, liée à la circulation sans entrave des capitaux à l'échelle de la planète à partir des années 1980.

1. L'internationalisation des économies

L'internationalisation est l'extension généralisée des échanges marchands de toute nature entre États nationaux définis en référence à un territoire. Elle constitue la dimension marchande ou internationale de la mondialisation, en ce sens qu'une économie internationale lie des marchés nationaux territorialement circonscrits à travers des flux transfrontaliers de biens, de services, de capitaux, de personnes et d'informations.

Cet aspect de la mondialisation, qui apparaît avec l'ouverture des routes commerciales en Europe au XIIIe siècle, s'est mise en place jusque vers les années 1960. Elle repose sur la prédominance des nations et des relations internationales. Des multinationales existent bien sûr avant 1914, mais leur pouvoir est contenu par la souveraineté des États qui réglementent strictement l'installation d'entreprises étrangères ainsi que les entrées et sorties de capitaux sur leur territoire.

Cependant, ces entreprises participent directement aux échanges mondiaux à travers leurs ventes extra-firmes et intra-firmes qui les met à l'origine de la plus grande partie des flux mondiaux de marchandises, de services et de capitaux. Elles sont ainsi les principaux acteurs du processus d'internationalisation des économies.

a. Les ventes extra-firmes des multinationales

D'après les estimations de la CNUCED, les ventes effectuées par les multinationales et leurs filiales étrangères sur le marché des pays d'accueil représentent deux tiers des échanges internationaux.

Mais il importe de noter que le montant des ventes locales des filiales à l'étranger représente le double de la valeur totale des exportations mondiales.

b. Les ventes intra-firmes des multinationales

Les firmes multinationales se sont réorganisées sur une base globale : d'une part, elles scindent les différentes opérations du processus de production pour les implanter dans les pays offrant les conditions de coût les mieux adaptées (*décomposition internationale du processus productif*, DIPP) ; d'autre part, elles délocalisent ou sous-traitent une partie de leurs productions à l'étranger dans les entreprises qu'elles contrôlent.

Cette fragmentation des firmes sur plusieurs pays implique l'accroissement dans les échanges mondiaux de la part des échanges de pièces détachées et de composants (biens intermédiaires) entre filiales localisées dans différents pays ou entre filiales et maison mère. Ces échanges intra-firmes portent donc sur les produits en cours de fabrication, destinés à être transformés ou assemblés à l'étranger, ou sur les produits finis destinés à la revente (réimportation). On estime ainsi qu'un tiers du commerce mondial de biens et de services correspond à des échanges « intra-firmes », c'est-à-dire entre filiales d'une même multinationale implantées dans des pays différents (échange captif).

Ces ventes intra-firmes sous-entendent le passage de la dimension internationale de la mondialisation, caractérisée par la prédominance des échanges de biens, à une dimension multinationale ou transnationale, caractérisée par la place dominante occupée par les investissements directs à l'étranger effectués par des firmes industrielles et financières.

2. La multinationalisation des entreprises

La multinationalisation des entreprises se fait jour à partir des années 1970, période où se multiplient les investissements directs à l'étranger (IDE) effectués par des firmes, qui deviennent de ce fait multinationales ou transnationales. Ainsi, dans le cadre de la dimension multinationale ou productive se développe, à côté des États-nations, un autre acteur majeur : la firme multinationale ou transnationale industrielle, financière ou de services.

Au départ, ces firmes sont surtout d'origine américaine. Mais cette vague impulsée par les grands groupes américains sera rapidement suivie par les firmes européennes, puis, plus tard, durant la décennie 1980, par les Japonaises. Dans les années 2000, les firmes en provenance des économies émergentes d'Asie et d'Amérique latine, bien que minoritaires, deviennent de plus en plus nombreuses. Trois firmes coréennes se classent parmi les 100 plus grandes firmes mondiales :

Samsung (implanté au Portugal, aux États-Unis, en Espagne, en Grande-Bretagne, en Thaïlande et au Mexique), Daewoo et Lucky Gold Star. Plus pertinent est l'exemple de LG, multinationale chinoise.

Les IDE ont pour destinations majeures l'Amérique du Nord et l'Europe (faiblement le Japon) et, dès le début des années 1990, de plus en plus, les économies émergentes de l'Asie, des PECO (Pays d'Europe Centrale et Orientale ayant appartenu au bloc communiste jusqu'en 1989 : Pologne, Hongrie…) et de l'Amérique latine.

Quatre stratégies ont été successivement adoptées par les firmes en vue de leur multinationalisation : la stratégie d'approvisionnement, la stratégie de marché, la stratégie de délocalisation et la stratégie de partenariat.

a. La stratégie d'approvisionnement

Cette stratégie était dominante jusqu'à la fin des années 1920, notamment à la faveur de la constitution des empires coloniaux : les implantations étaient réalisées à l'étranger pour approvisionner la société mère ou son territoire d'origine à partir de plantations, d'activités extractives et de comptoirs de commerce localisés près des ressources naturelles des colonies. Ces entreprises deviennent ainsi des multinationales « primaires ».

Cette stratégie des multinationales primaires est encore répandue dans les secteurs minier et énergétique (pétrole), ainsi que dans les activités métallurgiques qui en dépendent pour obtenir leurs intrants en matières premières. Aujourd'hui les plus connus de ces firmes sont dans le secteur agroalimentaire (United Brands...) et le pétrole (Exxon, Shell, Total).

b. La stratégie de marchés

Cette stratégie, appelée aussi horizontale ou multidomestique, apparaît à la fin des années 1920 et surtout après la Seconde Guerre mondiale, jusqu'aux années soixante. Elle consiste en une simple réplication de la firme, c'est-à-dire en la production du même bien dans plusieurs pays pour servir les marchés locaux (IDE horizontal).

En effet, pour conserver leurs marchés étrangers lorsque certains facteurs (obstacles tarifaires ou non aux échanges, coûts de transport) affectent la compétitivité de leurs exportations, les firmes implantent sur le lieu même de ces marchés des « *filiales-relais* », c'est-à-dire des entités produisant des biens identiques à ceux qu'elles produisent dans leurs pays d'origine afin de servir le marché local.

La stratégie de marché est ainsi une stratégie multi-pays, et donc au sens propre multinationale ou transnationale, dont le but est de mieux satisfaire la demande intérieure du pays d'accueil.

c. La stratégie de délocalisation

Cette stratégie, appelée aussi verticale ou de rationalisation (IDE vertical), prédominé entre la fin des années soixante et le milieu des années 80. Elle a consisté, pour les multinationales, en la décomposition internationale du processus productif (DIPP), qui leur permet de délocaliser leurs opérations de production en fonction des avantages comparés des territoires d'accueil potentiels pour chacune de ces opérations. En effet, il s'agissait pour elles de scinder ou fragmenter leur processus de production et d'implanter chaque opération de ce processus (conception, approvisionnement, fabrication de composants, assemblage et distribution) dans le pays offrant les moindres coûts de production (rationalisation).

Dans ce cas, l'activité à l'étranger est un relais de l'activité de la maison-mère, car l'une et l'autre ne se situent pas au même niveau de la chaîne de production. En effet, la stratégie de délocalisation traduit l'implantation de *filiales-ateliers* spécialisées chacune dans un segment de la chaîne de valeur de l'entreprise sous le contrôle de la maison-mère et avec pour objectif la minimisation des coûts de production.

Ces filiales-ateliers produisent les composants (biens intermédiaires) et intrants des produits de la maison-mère et les exportent presque entièrement pour montage final à proximité des marchés à demande solvable, c'est-à-dire proche des pays industrialisés.

À titre d'exemple, les chaînes de montage de la Ford-Escort, en Allemagne et en Angleterre, recevaient freins et pneus de filiales belges, vitres et autoradios du Canada, batteries et rétroviseurs d'Espagne, poussoirs hydrauliques des États-Unis, carters, alternateurs et ventilateurs de France, démarreurs et roulements du Japon.

d. La stratégie de partenariat

Le partenariat international est une relation dans laquelle au moins deux parties ayant des objectifs compatibles s'entendent pour travailler en commun, partager les risques ainsi que les résultats ou les gains. Il permet aux entreprises de choisir leurs partenaires là où l'offre est la plus compétitive.

En effet, face à la concurrence internationale acharnée survenue au milieu des années 1980, les multinationales ont eu de plus en plus tendance à réduire leurs coûts de production et leurs apports en capitaux. À cet effet, elles ont préféré externaliser (faire faire au lieu de faire soi-même) certaines opérations de leur processus de production où leur avantage compétitif est faible en les faisant exécuter par des entreprises partenaires plus spécialisées, pour se recentrer sur un nombre restreint d'activités stratégiques pour lesquelles elles possèdent un savoir-faire spécifique (R&D, conception des produits, marketing, promotion).

Les mécanismes de cette externalisation sont notamment la sous-traitance internationale, la production internationale sous licence, la franchise internationale, la joint venture internationale (JVI), etc. Il s'agit de ce que l'on appelle les nouvelles formes d'investissement (NFI), relations interentreprises que les multinationales développent sans engager de capitaux (ou peu).

- ***La sous-traitance internationale***

La sous-traitance est un contrat par lequel une entreprise, appelée donneur d'ouvrages ou d'ordres, demande à une autre entreprise, dite preneur d'ouvrages ou d'ordres ou encore sous-traitant, de réaliser une partie de sa production ou des composants nécessaires à sa production.

Le partenariat de sous-traitance revêt généralement deux formes. La première forme est la sous-traitance structurelle ou de spécialisation, encore appelée sous-traitance de spécialité, dans laquelle l'entreprise donneuse d'ordres décide de faire appel à d'autres entreprises mieux équipées et plus compétentes pour accomplir des tâches complexes et précises. La seconde forme de sous-traitance est la sous-traitance conjoncturelle ou de capacité, dans laquelle le donneur d'ordres, tout en étant capable de fabriquer lui-même le produit, s'adresse plutôt à une autre entreprise parce que son appareil de production est provisoirement saturé ou parce qu'il rencontre un problème technique ; il s'agit donc d'une sous-traitance occasionnelle.

- ***La production internationale sous licence***

La licence (de fabrication) est un droit conféré par un brevet ou une marque déposée (propriété intellectuelle) :

l'entreprise propriétaire de ce droit (fournisseur de licence) conclut avec une autre entreprise (détenteur de licence) un contrat aux termes duquel cette dernière peut fabriquer les produits de la première au moyen du savoir-faire technologique et managérial de celle-ci en échange d'un paiement.

On identifie trois types de licences, valables pour la production, mais aussi pour la vente, etc., à savoir :

- la *licence non exclusive* : le fournisseur de licence se réserve le droit d'utiliser la propriété sous licence et d'octroyer des licences supplémentaires à des tiers ;
- la *licence unique* : le fournisseur de licence accepte de ne pas octroyer d'autres licences à des tiers, mais se réserve le droit d'utiliser la propriété sous licence ;
- la *licence exclusive* : le fournisseur de licence ne peut octroyer de licence à des tiers ni utiliser la propriété sous licence.

- ***La franchise internationale***

La franchise est une méthode de collaboration par laquelle une entreprise, le franchiseur, autorise une ou plusieurs autres entreprises, les francisés, à exploiter dans leur activité sa marque de fabrique (de commerce ou de service), son enseigne (raison sociale, nom commercial, signes, symboles ou logos) et son expérience ou savoir-faire en matière de marketing.

Le franchiseur dispose d'un savoir-faire qui présente un succès potentiel et qu'il entend étendre en offrant un contrat de collaboration à des candidats désirant le développer à leur compte. La franchise lui permet la diffusion de sa marque et l'optimisation de son image avec un faible investissement initial. Il trouve par ailleurs des ressources « gratuites » (réseau, réputation, savoir-faire du franchisé) et peut s'internationaliser plus rapidement, de manière moins coûteuse et moins risquée que s'il devait se développer par croissance interne (filiale ex-nihilo...) ou externe (rachat d'une entreprise locale).

Le franchisé de son côté dispose d'un capital et recherche une entreprise dynamique pour l'y investir. Une fois le contrat signé avec le franchiseur, il devient juridiquement responsable de sa propre exploitation. Il utilise donc la franchise comme un moyen dans sa stratégie de création de sa propre entreprise. Il gagne, en effet, du temps et de l'argent en réitérant l'expérience ou le savoir-faire du franchiseur, en bénéficiant de ses conseils, de sa notoriété, de sa publicité, bref de l'image de marque d'une enseigne. En échange, il paie une somme fixe ou un pourcentage au franchiseur.

La franchise est très utilisée pour la commercialisation ou la distribution des produits ou des services à l'international. Elle permet à une entreprise d'organiser son développement dans le pays étranger sans y engager des ressources financières propres, mais en s'associant à un ou plusieurs entrepreneurs indépendants.

- ***Les Joint-Ventures Internationales***

Une Joint-Venture (JV) ou une « co-entreprise » est une entité organisationnelle légale et distincte créée par des sociétés indépendantes les unes des autres (deux ou trois partenaires en général), par transfert d'une fraction de leurs ressources (humaines, technologiques, commerciales.) En vue de la conduite d'une action conjointe (R&D, approvisionnement, fabrication, commercialisation).

Les firmes partenaires sont par définition toutes détentrices d'une part du capital en fonction de leurs apports, qu'elles partagent généralement de façon relativement égalitaire (exception faite des cas où le gouvernement du pays hôte impose la majorité à la firme locale). Elles exercent collectivement le contrôle, indépendamment ou non du montant de leur participation. Elles sont rémunérées pour tout ou partie de leur apport en fonction des profits réalisés par l'entité.

Parmi les JVI, on peut citer Sony-Ericsson, Thomson-TCL, LG-Philips, Sony-Samsung Electronics (S-LCD), etc.

3. La globalisation financière

La globalisation financière désigne la constitution d'un marché unique de capitaux à l'échelle de la planète. En effet, les marchés nationaux de capitaux s'intègrent aujourd'hui en un marché unique de l'argent où les capitaux circulent sans entraves à l'échelle planétaire. Les multinationales industrielles et financières peuvent ainsi emprunter ou placer de l'argent où elles souhaitent, en utilisant tous les instruments financiers existants.

Cette dimension financière de la mondialisation, qui concerne le financement de l'économie et l'affectation du capital à l'échelle de la planète, en particulier les placements rémunérateurs de l'épargne, comporte trois aspects :

- au niveau géographique, la globalisation se traduit par une forte mobilité des capitaux à l'échelle planétaire ;
- au niveau fonctionnel, le marché des capitaux, qui était jusqu'au milieu des années 80 très compartimenté (marché monétaire, marché financier, marché des changes), devient un marché unique des capitaux : on crée des maillons pour relier ces marchés et les opérateurs peuvent désormais réaliser des opérations d'arbitrage entre ces marchés ;
- au niveau temporel, les marchés peuvent fonctionner 24h/24 et en temps réels grâce à l'essor des nouvelles technologies de l'information et de la communication (NTIC), qui a permis l'accélération de la circulation de l'information à l'échelle de la planète et l'interconnexion

des entreprises dans le monde grâce à l'informatique et aux nouveaux moyens de communication. Les investisseurs ont ainsi en permanence, et presque sans coût, toutes les informations financières, de sorte qu'il leur est possible de déplacer leurs capitaux dès qu'une opportunité se présente.

a. Les fondements de la globalisation financière

Sous l'influence des différents acteurs, le FMI et la Banque mondiale (consensus de Washington, 1989), ainsi que de la Communauté européenne (les « quatre libertés » de l'Acte unique, 1986), les marchés ont subi à la fin du XXe siècle une triple évolution, parfois nommée « les 3 D » : désintermédiation, déréglementation, décloisonnement.

- ***La désintermédiation***

La désintermédiation est l'accès direct des opérateurs aux sources de financement sans passer par les intermédiaires traditionnels que sont les banques. C'est donc la suppression des intermédiaires entre prêteurs et emprunteurs, le financement des entreprises passant de moins en moins par le crédit bancaire et de plus en plus par l'autofinancement et le recours au marché financier mondial.

- ***La déréglementation***

La déréglementation ou dérégulation est la suppression d'un certain nombre de restrictions aux mouvements de capitaux (laisser les capitaux entrer et sortir du pays sans contrôle ni entrave). Elle a donc visé à limiter le poids des autorités politiques et monétaires nationales sur les flux monétaires, de sorte que les mécanismes de marché se sont en partie substitués à une régulation étatique.

- ***Le décloisonnement***

Le décloisonnement est, d'une part, l'ouverture extrême des marchés nationaux de capitaux, ce qui met en communication continue les espaces financiers nationaux (ex : avec internet, on peut de n'importe où sur la planète acheter des actions à Wall Street), et, d'autre part, à l'intérieur de ces marchés, l'éclatement des compartiments existants : marché monétaire (banques), marché financier (actions et obligations), marchés des changes (échange des monnaies entre elles), lesquels sont devenus les sous-ensembles d'un marché global intégré de capitaux à l'échelle mondiale, fonctionnant en continu, 24h/24, successivement sur les places d'Extrême-Orient, d'Europe et d'Amérique du Nord.

Désormais donc, l'opérateur qui « investit » (ou emprunte) recherche le meilleur rendement en passant d'un titre à l'autre (ex : de l'obligation en euro à l'action en dollar), d'une monnaie à l'autre ou d'un procédé de couverture à l'autre.

b. Les multinationales et la globalisation financière

La globalisation de l'économie mondiale est surtout le fait des multinationales de service et bancaires.

- ***Les multinationales de services***

Il y a aujourd'hui, dans le fonctionnement des multinationales, imbrication étroite entre la dimension productive (mise en valeur du capital dans la production) et la dimension financière (achat ou vente de devises, d'actions et d'obligations). Deux facteurs sont à la base de cette « financiarisation » des activités de ces firmes : la recherche de la liquidité et de la rentabilité financière à court terme en jouant sur l'évolution de la bourse et du marché des changes (taux d'intérêt, spéculation) ; d'autre part, l'organisation par chaque multinationale d'une circulation de fonds interne, d'une sorte de « marché » financier international intérieur au groupe, ce qui lui permet de localiser les profits ou le financement des Ide dans tel territoire de son choix. En pareil cas, la multinationale peut soit créer une holding financière, soit créer ou acquérir sa propre banque de groupe en sorte que ses fonds puissent être déplacés d'un lieu et d'un territoire à l'autre, en son sein.

Il en résulte à la fois qu'une importante masse de liquidités circule régulièrement dans la multinationale, mais entre pays, d'un territoire à l'autre, et qu'elle peut être mobilisée à tout moment par la multinationale pour intervenir sur les marchés financiers. La firme peut ainsi provoquer, du fait de ses énormes capacités financières, des transferts massifs et rapides de fonds d'un point du globe à l'autre chaque jour.

Pour ce faire, la multinationale dispose de trois moyens d'action : les transferts de capitaux entre les filiales et la société mère (prêts intra-multinationale, règlements des filiales au groupe ou l'inverse), les transferts explicites de revenus (rapatriement des profits, versement de redevances technologiques et d'honoraires par les filiales à la mère) et enfin les transferts de fonds implicites. Ces derniers sont réalisés par la fixation discrétionnaire des prix de cession interne entre les filiales et la société mère, par la rémunération de services fictifs entre elles ou même par de fausses déclarations au sujet de la valeur des produits circulant entre pays au sein de la multinationale.

En outre, toutes ces opérations financières permettent à la multinationale d'emprunter là où les taux d'intérêt sont plus faibles, de diversifier ses sources de financement et de contourner les politiques locales de restriction du crédit ou d'autres réglementations limitatives.

- ***Les banques multinationales***

Une cinquantaine de banques multinationales des pays de la Triade sont les principaux opérateurs sur le marché financier devenu totalement planétaire. En effet, localisées autour du globe, dans différents fuseaux horaires, les places financières internationales leur permettent d'y opérer 24 heures sur 24 et en même temps par téléphone, télex et télématique. En outre, la mobilité des liquidités est instantanée sur ce marché mondial de capitaux.

Le marché des changes est le compartiment du marché aujourd'hui le plus rentable pour les banques multinationales, montrant que les distinctions entre les opérations de change liées aux transactions commerciales et celles réalisées en vue de gains en capital (spéculation pure) sont devenues très étroites. On parle alors d'économie internationale de spéculation, voire d'économie (mondiale) de casino.

La globalisation financière apparaît encore plus marquée quand on prend en compte les opérations interbancaires internationales, qui dépassent de loin le commerce mondial et l'investissement mondial. Les mouvements de capitaux des banques multinationales deviennent ainsi, à l'instar de ceux des firmes multinationales, largement autonomes du financement de la production et des échanges, et par conséquent des territoires sur lesquels ils se déroulent.

Cette globalisation financière a renforcé le rôle de plaque tournante dans les flux financiers mondiaux de quelques grandes places financières à l'échelle internationale : New York, San Francisco, Paris, Londres, Bahreïn, Singapour, Hong Kong, Tokyo. Ces places financières internationales sont interconnectées et fonctionnent de manière quasi permanente, formant un anneau financier. Ceci vaut aussi pour les bourses qui émergent dans une trentaine de pays en développement (dont Corée, Turquie, Mexique, Taïwan, Brésil, Thaïlande, Argentine, Malaisie, Indonésie, Chine) et d'économies en transition (Hongrie, Pologne, République tchèque, Russie, Ukraine, pays baltes).

Par ailleurs, des circuits parallèles très complexes assurent le blanchiment de l'argent des trafics illicites, de la drogue (300 à 400 milliards de $), des armes ou des faux papiers. Ces flux illicites équivalent à 15 % du commerce mondial.

Ces flux de capitaux, licites ou illicites, qui circulent sur le marché financier international, sont devenus colossaux : de 1 500 à 3 200 milliards de dollars sont échangés quotidiennement, ce qui représente cent fois les besoins du marché commercial et des services. Parmi ces flux, on distingue pour l'essentiel les Ide et les capitaux purement spéculatifs. On peut aussi ajouter les transferts financiers des émigrés (remises), qui participent au développement et au recul de la pauvreté dans leurs pays d'origine.

Ainsi, la mondialisation financière assure un marché planétaire de capitaux, disponible à tout moment, en raison de sa dimension et de son fonctionnement à travers les fuseaux horaires. En effet, lorsqu'une place boursière ferme en Asie, une autre s'ouvre en Europe ou en Amérique, de sorte qu'on peut, en tant qu'acteur, faire des transactions sur tous les marchés mondiaux et cela 7 jours sur 7 et 24h sur 24.

c. Les retombées de la globalisation financière.

Les retombées de la globalisation financières peuvent être soit positives, soit négatives.

- ***Les retombées positives***

Parmi les avantages de la globalisation financière, on peut citer la possibilité de placer les capitaux là où la rentabilité est la plus forte et l'exploitation de l'épargne étrangère pour des besoins domestiques.

- ***La possibilité de placer les capitaux là où la rentabilité est la plus forte***

Cette possibilité est a priori favorable à la croissance des secteurs d'activité les plus porteurs d'avenir et au développement des zones géographiques où il est à la fois possible et souhaitable d'investir (les pays émergents). Bref, les investisseurs rationnels, bien informés en raison de la transparence des marchés, mettent leurs capitaux à la disposition des producteurs les plus efficaces.

- ***L'exploitation de l'épargne étrangère pour des besoins domestiques***

Cet avantage permet à un pays d'exploiter, grâce aux capitaux extérieurs, son potentiel de croissance en investissant dans des projets rentables, au-delà de ce qui serait permis par l'épargne des résidents.

- ***Les retombées négatives***

Si la globalisation financière (libre circulation des capitaux) a favorisé la croissance des pays qui en ont bénéficié (pays émergents), elle a tout de même un coût, en l'occurrence, la perte de souveraineté des États, la montée de la spéculation déstabilisante.

- ***La perte de souveraineté des États***

Les transferts massifs et rapides de fonds effectués chaque jour par les multinationales d'un point du globe à l'autre obligent à se conformer aux réactions des marchés financiers. En effet, dans la mesure où la trésorerie cumulée de toutes les multinationales du monde représente plusieurs fois le montant des réserves de change détenues par l'ensemble des banques centrales, les autorités monétaires d'un pays n'ont plus le pouvoir de défendre leur taux.

De fait, le déplacement de 1 à 2 % de ces masses financières d'une devise sur une autre est de nature à modifier la parité entre deux monnaies : quand un montant important arrive dans un marché national, la valeur de la monnaie va augmenter ; à l'inverse, quand ce même montant sort d'un pays, la valeur de la monnaie diminue et les investisseurs se retirent. Les gouvernements doivent donc tout mettre en œuvre pour attirer les capitaux en maintenant des taux d'intérêt élevés.

Par ailleurs, les gouvernements voient leurs marges de manœuvre fortement limitées. En effet, l'internationalisation des marchés financiers, combinée aux évolutions technologiques, les rend quasiment indépendants des cadres législatifs purement nationaux. Il devient impossible de proposer une taxation quelconque (cotisations sociales, prélèvement fiscal...) sur les transactions sans se heurter à une sorte de chantage à la délocalisation des emplois et des centres de décision financiers de la part des opérateurs.

- ***La spéculation déstabilisante***

La spéculation est l'achat ou la vente, généralement en bourse, d'une certaine quantité de marchandises, d'un actif financier (action, obligation, taux de change), immobilier ou de collection dans l'espoir que son prix évoluera par la suite de façon à procurer un gain monétaire, tout en acceptant le risque de perdre de l'argent si l'évolution est contraire aux espoirs. Les spéculateurs achètent parce qu'ils parient que le prix du marché va augmenter rapidement et qu'ils seront en mesure de les revendre à profit ou ils les vendent en supposant que les prix du marché continueront à baisser, lui permettant de les racheter à un prix inférieur.

Cependant, de telles anticipations, souvent exagérément optimistes, font grimper en flèche les volumes des transactions et attirent de plus en plus d'acheteurs sur le marché. Le nombre d'acheteurs excède alors rapidement celui des vendeurs, ce qui entraîne la formation d'une « bulle spéculative », aussi appelée « bulle boursière » ou « bulle financière ». Il s'agit de la hausse du prix des actifs ou des biens échangés jusqu'à des niveaux très supérieurs à leur valeur intrinsèque.

La phase de gonflement de la bulle est souvent suivie, du fait du décalage entre la hausse des cours et la croissance réelle de l'économie, par une chute brusque et soudaine des prix des actifs ou biens échangés, couramment appelée « éclatement de la bulle » ou « krach boursier ». Cet effondrement brutal des prix est dû à l'afflux massif d'ordres de vente, les investisseurs spéculatifs vendant tous leurs actifs, souvent à tout prix, dans la panique. En effet, les prix chutent de plus en plus fortement, car le nombre des vendeurs dépasse largement celui d'acheteurs, ce qui entraîne la ruine de beaucoup d'investisseurs spéculatifs, voire le suicide pour certains.

Le krach boursier s'accompagne généralement d'une fragilisation croissante du système monétaire et financier international, qui connaît des crises périodiques de plus en plus fréquentes. Ces crises à répétition sont de plus en plus déstabilisantes pour l'ensemble de l'économie mondiale, car une crise financière localisée peut à la fois se propager géographiquement, mais aussi déborder la sphère financière et provoquer des difficultés dans la sphère réelle, ce qui contribue à déstabiliser des régions entières de la planète (montée des risques systémiques). C'est ainsi que le dégonflement de la bulle de l'immobilier aux États-Unis en 2007 a été à l'origine de la crise financière de septembre 2008, laquelle a entraîné peu à peu une crise bancaire et boursière autour du monde.

La répétition de ces crises est due au fait que toutes les entraves à la circulation des capitaux et à l'« innovation » financière ont été abolies (déréglementation financière). Les pouvoirs publics sont donc appelés à imposer des règles strictes, des freins efficaces contre la spéculation folle sur tous les marchés. Ce sera le prix à payer pour rétablir la confiance dans les marchés, incontournables en soi, mais qui, livrés à eux-mêmes, engendrent régulièrement des bulles spéculatives. Le marché sans règles devient la jungle.

En définitive, le phénomène de la mondialisation n'est pas un phénomène nouveau, surgi inopinément du néant au seuil du XXIe siècle. Il s'agit d'une tendance longue qui est inhérente au fonctionnement du capitalisme. Ses modalités prédominantes se sont modifiées au cours du temps, mais elles ne s'excluent pas l'une l'autre. Ces différentes dimensions de la mondialisation ne disparaissent pas, c'est leur hiérarchie qui change.

Par ailleurs, la séquence des formes de mondialisation marque un effacement progressif du concept d'État-nation comme agent majeur de la mondialisation. L'État-nation a tenu ce rôle tant que l'internationalisation était prépondérante. Dans la multinationalisation et la globalisation, les firmes multinationales industrielles et les institutions financières jouent le rôle moteur. Ce sont les choix stratégiques de ces agents microéconomiques qui ont déterminé l'évolution des ensembles macroéconomiques.

Le phénomène de la mondialisation entraîne ainsi le dépérissement du rôle géopolitique des frontières des États nationaux. Il s'accompagne, en quelque sorte, d'une dénationalisation des espaces économiques laissant la place à un espace mondial intégré, ce qui donne l'image du « village planétaire » d'un système-monde.

En 1971, 18 milliards de dollars étaient échangés par jour, mais, avec le développement des technologies de l'information, la situation s'est considérablement étendue. Aujourd'hui, ce sont près de 1 800 milliards de dollars, soit 100 fois plus, qui transitent chaque jour sur les marchés financiers.

CHAPITRE V
LES LIMITES DE LA MONDIALISATION

La mondialisation ne constitue pas encore, à l'heure actuelle, une réalité achevée, planétaire : si elle ne se concentre pas sur quelques pôles, la Triade y joue un rôle central, tandis que le reste du monde y participe moins.

1. Les pôles de la mondialisation

Dans les pays, tous les espaces ne sont pas également concernés par la mondialisation. Ce sont les centres de commandement de l'économie qui en bénéficient le plus. Parmi les principaux, on trouve :

- Les ports et aéroports, qui sont des lieux privilégiés de la mondialisation : les flux y sont intenses et à échelle internationale, de même que de nombreuses entreprises s'implantent dans les zones industrialo-portuaires (ex. : Singapour) ou aéroportuaires (ex. : Roissy), pour être proches des marchés mondiaux.
- Les grandes villes (métropoles), qui constituent également des moteurs de l'économie mondiale : elles jouent un rôle important de décision, en particulier lorsqu'il s'agit de capitales (Paris, Londres, Tokyo), car elles concentrent les pouvoirs (ministères, sièges sociaux des grandes entreprises, bourse…).

2. La Triade

Il existe aujourd'hui trois pôles dominants de l'économie mondiale, qui constituent ce qu'il est convenu d'appeler la Triade (États-Unis, Japon, Union européenne), dont le poids dans l'économie mondiale est considérable : elle représente 70 % du commerce mondial, 80 % des investissements internationaux, et on y compte les 10 plus grandes entreprises du monde.

En outre, la Triade domine économiquement d'autres espaces, car chacun de ses pôles dispose d'une zone d'influence économique : le Canada et l'Amérique latine pour les États-Unis, le reste de l'Europe et les pays méditerranéens pour l'Union européenne, l'Asie-Pacifique pour le Japon.

3. La marginalisation du Tiers monde

Une bonne partie du Tiers monde est encore moins impliquée dans la mondialisation en raison de son retard économique. En effet, il n'y a que les économies émergentes d'Asie (Chine, Inde, Corée du Sud, Taïwan, Singapour), d'Amérique latine (Brésil, Mexique, Argentine) et d'Europe centrale et orientale (PECO) qui répondent aux critères de la multinationalisation à travers le mouvement de délocalisation.

En revanche, une grande partie de l'Afrique subsaharienne, à l'exception de l'Afrique du Sud, donne encore la priorité aux échanges sur la base d'une spécialisation qui peut être qualifiée de « classique » ou de « coloniale » (biens primaires du sol ou du sous-sol contre produits manufacturés). Il en va de même pour les petites économies du Proche et du Moyen-Orient ainsi que de l'Amérique latine. Ces régions les plus pauvres de la planète restent ainsi jusqu'à présent en dehors de la mondialisation, dont ils subissent les conséquences sans véritablement en tirer parti. Elles demeurent économiquement dominées par les pays développés et sont à l'écart de l'économie mondiale. L'Afrique par exemple ne représente que 1 % des exportations mondiales des produits manufacturés.

Au total, source d'enrichissement pour certains, la mondialisation renforce en même temps des inégalités entre pays, régions, riches et pauvres.

CHAPITRE VI
LA CONTESTATION DE LA MONDIALISATION

La mondialisation actuelle est capitaliste et néolibérale : elle se fait principalement dans le sens d'une liberté toujours plus grande des entreprises, d'un accroissement de la spéculation et d'une course effrénée aux profits. Ce système profite bien évidemment à de nombreux acteurs, mais ses conséquences humaines et sociales négatives touchent une population massive dans tous les pays (chômage, précarité sociale, inégalités criantes).

Ceci pousse les « altermondialistes » ou plus largement les nombreux mouvements sociaux et citoyens à s'opposer à ce qu'ils appellent les logiques économiques de la mondialisation néolibérale conduite sous l'égide des États-Unis. Beaucoup réclament l'instauration de nouvelles formes de contrôles, la justice économique, la sauvegarde de l'environnement et la primauté de la défense des droits des personnes sur les intérêts privés et les équilibres financiers en vue d'une mondialisation maîtrisée et solidaire.

Très hétérogène, car formé par une coalition de groupes très divers (ONG, mouvements pacifistes, associations, etc.), le mouvement se rassemble autour du slogan « Un autre monde est possible » ou, plus récemment, « D'autres mondes sont possibles », pour mettre en avant une forme de mondialisation qui serait différente de la mondialisation actuelle, dont le caractère dévastateur pénalise principalement les exclus (paysans pauvres du Sud, salariés précaires du Nord, chômeurs).

Les critiques altermondialistes se cristallisent notamment, à travers les médias, autour de questions telles que l'homogénéisation culturelle, la marginalisation de la grande majorité de la population mondiale, le pouvoir exorbitant des firmes multinationales, la déstabilisation des marchés et la criminalité internationale.

1. L'homogénéisation culturelle

La mondialisation fait d'autant plus peur qu'elle paraît devoir aboutir à une « uniformisation du monde » : l'économie aurait tendance à standardiser, à homogénéiser les modes de consommation, les modes de vie et les cultures, en imposant des biens, des services, mais aussi des valeurs, des normes communes et stéréotypées. En effet, cette homogénéisation planétaire fait que d'un bout à l'autre de la Terre les hommes consomment de plus en plus les mêmes produits, regardent de plus en plus les mêmes spectacles, habitent de plus en plus des villes conçues selon le même modèle, etc. Elle généralise enfin un modèle particulier, le modèle économique et technologique occidental, désormais présenté comme l'inéluctable « destin » de toutes les cultures.

La mondialisation se confond ainsi, dans une large mesure, avec une occidentalisation dont la puissance américaine est pour l'heure le moteur principal. De fait, par son contrôle des moyens de télécommunication, notamment des médias, l'économie hégémonique des États-Unis aurait tendance à imposer ses images, son idéologie, sa conception de la vie et du monde, son mode de vie, ses valeurs, ses normes de consommation et de culture, etc.

Cela se fait évidemment au prix d'une dépendance culturelle croissante des cultures nationales, et au risque d'aboutir à une acculturation ou à un appauvrissement de la « biodiversité culturelle ».

2. La marginalisation de la grande majorité de la population mondiale

La mondialisation, phénomène marquant depuis les années 1980, générées par les progrès des transports et des télécommunications, a amplifié les relations économiques, financières, culturelles entre les sociétés humaines, mais n'a pas à ce jour amélioré le bien-être des Hommes. Elle a plutôt entraîné des phénomènes d'appauvrissement et un pillage généralisé des ressources.

En effet, le monde n'a jamais été aussi riche, mais n'a jamais été aussi injuste. Les richesses mondiales ont certes augmenté, mais l'écart entre les plus riches et les plus pauvres n'a cessé de s'accroître. Certains se sont peut-être enrichis, mais globalement, la pauvreté augmente dans les pays pauvres comme dans les pays riches. À cela s'ajoutent la surconsommation des ressources, les pollutions variées, le manque de respect des ressources naturelles, etc.

La nouvelle « culture technologique », dont est dépourvue la grande majorité de la population mondiale, ne profite donc qu'aux pays et aux peuples économiquement les plus développés.

3. Le pouvoir exorbitant des firmes multinationales

Le marché mondial est aujourd'hui, sinon dirigé, en tout cas largement orienté par une poignée de très grosses firmes, d'origine surtout nord-américaine ou japonaise, dont le pouvoir peut souvent être préjudiciable aux économies nationales (risques d'extraversion), aux gouvernements (moindres marges de manœuvre), aux syndicats (limite de leur pouvoir), aux salariés (dégradation des conditions de travail et de rémunération), voire aux écosystèmes (pillage des matières premières et énergétiques, pollutions en tous genres, nuisances).

Bien plus, la menace de beaucoup de ces multinationales de quitter telle ou telle région ou tel ou tel pays (délocalisation) conduit souvent les pouvoirs politiques à se résigner à accepter la situation, car il leur est devenu très difficile de limiter la puissance de ces firmes.

4. La déstabilisation des marchés

La mondialisation déstabilise davantage les marchés, en présentant un risque de « crise systémique », c'est-à-dire de tout le système économique en raison d'effets en chaîne de dysfonctionnements ou de crises boursières, liées ou non à des mouvements spéculatifs déstabilisants (krachs boursiers).

5. La criminalité internationale

La mondialisation du commerce et la libéralisation financière sont également à la base de la généralisation de ce qu'on appelle l'économie criminelle, animée notamment par les trafics d'armes et de drogues, la traite sexuelle des femmes et des enfants, le travail clandestin, et les diverses activités de contrebande et de blanchiment d'argent par des gangs organisés.

En définitive, si la mondialisation semble aujourd'hui un phénomène irréversible, il n'en demeure pas moins qu'elle doit être sans doute surveillée, organisée et orientée si l'on veut qu'elle prenne en compte les aspects sociaux, qu'elle contribue à réduire les fortes inégalités socio-économiques, qu'elle respecte les écosystèmes et qu'elle débouche sur des perspectives de développement durable pour tous.

III. LESMULTINATIONALES ET LA CROISSANCE DES ÉCONOMIES NATIONALES

Les firmes multinationales combinent les facteurs de production pour produire les biens et services vendus sur le marché. Elles sont donc susceptibles d'influencer la croissance des économies des pays d'origine et d'accueil, c'est-à-dire l'« augmentation de la capacité d'offrir une diversité croissante de biens et services » (S. Kuznets).

CHAPITRE I
LES ÉCONOMIES DES PAYS D'ORIGINE

Les effets des Ide sortants sur la croissance des pays d'origine sont ambigus en ce sens qu'ils sont à la fois positifs et négatifs.

1. Les effets positifs

Les effets positifs des Ide sortants se situent à quatre niveaux : l'accès à des ressources étrangères, l'utilisation des facteurs aux moindres coûts de production, l'ouverture de nouveaux marchés, la spécialisation plus avantageuse.

a. L'accès aux ressources étrangères

L'implantation des multinationales à l'étranger peut être, pour un pays d'origine, le moyen d'accéder aux matières premières, aux capitaux lorsque l'investissement s'autofinance, aux techniques lorsqu'il y a échanges technologiques, et même aux ressources humaines, scientifiques et autres du pays d'accueil.

b. L'utilisation des facteurs aux moindres coûts de production

Les coûts de production sont généralement avantageux dans les pays d'accueil, surtout en développement, en raison du bas prix des approvisionnements, des bas taux des salaires, et des mesures d'incitation ou de protection prises par les gouvernements hôtes.

Mais cet avantage n'est pas un phénomène général. En effet, si la main-d'œuvre est bon marché, sa productivité est souvent faible ; à cela s'ajoutent les déficiences du réseau des transports et des communications, ainsi que les contrôles administratifs tatillons et les risques soit de nationalisation des filiales étrangères, soit de modification du régime fiscal.

c. L'ouverture de nouveaux marchés

Les IDE sortants ouvrent des débouchés aux firmes exportatrices de biens de production et de services aux entreprises. En effet, les filiales de la maison mère restent dépendantes de celle-ci sur le plan technologique et commercial (exportations des biens d'équipements, des pièces et des composants).

d. La spécialisation plus avantageuse

Les délocalisations enfin permettent à chaque nation de se concentrer sur les activités dans lesquelles elle dispose d'un avantage relatif. En effet, l'abandon des activités peu rentables et le développement d'activités incorporant les facteurs détenus par le territoire d'origine, crée un gain d'efficience : la hausse de la productivité permet celle des revenus, de la consommation et finalement favorise la croissance.

Il faut noter également qu'une partie croissante de l'Ide est financé soit par réinvestissement sur place des profits des filiales étrangères, soit par emprunt sur les marchés locaux, ce qui permet de limiter les sorties de fonds et donc de ne pas réduire les fonds prêtables disponibles pour l'investissement domestique.

2. Les effets négatifs

Les Ide sortants sont aussi destructeurs pour l'économie du pays d'origine, et cela à trois points de vue : le rétrécissement du marché du travail, le déficit de la balance des paiements, l'intensification de la concurrence étrangère.

a. Le rétrécissement du marché du travail

L'investissement dans la production à l'étranger s'accompagne d'une exportation d'emplois au détriment de la main-d'œuvre du pays d'origine. En outre, les délocalisations entraînent le renoncement à certaines activités de production sur le territoire national, par exemple dans les industries textiles ou la sidérurgie. Les multinationales contribueraient ainsi à la diminution de la capacité d'accueil du marché du travail des pays d'origine.

Cependant, certaines études indiquent que les branches qui réalisent le plus d'Ide sont aussi celles pour lesquelles l'augmentation des exportations aurait entraîné des créations plutôt que des pertes d'emploi. En outre, si l'Ide tend généralement à réduire la demande de travail peu qualifié, il augmente la demande de travail plus qualifié. Les activités nobles à plus forte valeur ajoutée tendent ainsi à se concentrer dans les pays développés.

b. Le déficit de la balance des paiements

La balance des paiements est un document comptable retraçant l'ensemble des transactions économiques et financières (entrées et sorties de biens, de services et de capitaux) entre agents résidents et non résidents au cours d'une année. Les résidents sont toutes les personnes physiques, quelle que soit leur nationalité, qui ont leur domicile principal dans le pays domestique. Il s'agit aussi des personnes morales établies sur le territoire domestique, quelle que soit leur nationalité (ex : filiale d'une firme étrangère).

La présentation de la balance des paiements repose sur une convention comptable selon laquelle on enregistre en tant que crédit (+) toute transaction donnant lieu à une recette venant du reste du monde (exportations, services rendus…), et en tant que débit (-) toute transaction ayant pour conséquence un paiement au reste du monde (importations, services payés…).

La balance des paiements se décompose en fait en plusieurs comptes ou balances partielles à savoir :

- le compte des transactions courantes (ou balance courante), qui recense l'ensemble des flux monétaires d'un pays résultant des échanges internationaux de biens et services (transport, communication, assurances, tourisme…), ainsi que des revenus (rémunérations des salariés, revenus des investissements - dividendes, intérêts, redevances, rentes -) et transferts courants (montants transférés à l'étranger par des travailleurs résidents et vice-versa, contributions aux dépenses des organisations internationales, versements des administrations de sécurité sociale à des travailleurs ou à d'anciens travailleurs résidents et à leurs ayant-droits…) ;
- le compte de capital, qui retrace l'ensemble des flux monétaires d'un pays résultant de l'achat ou de la vente d'actifs non financiers (brevets, marques, droits d'auteurs…), ainsi que des transferts de capitaux (remises de dettes, aide au développement, transferts de migrants) ;
- le compte financier enfin, qui enregistre l'ensemble des flux financiers entre un pays et l'étranger, sous forme d'investissement direct à l'étranger (IDE), d'investissement de portefeuille, de réserves de change et autres.

Dans chacun de ces cas, on obtient un excédent lorsque les crédits (entrées, recettes) dépassent les débits (sorties, dépenses), et on enregistre un déficit dans le cas contraire.

La balance des paiements est équilibrée lorsque le total des crédits est égal au total des débits.

La balance des paiements du pays d'origine subit, à court terme, un déficit en raison des sorties de fonds que les multinationales opèrent à titre d'investissements directs à l'étranger. Mais à long terme, le rapatriement des dividendes, intérêts et rétributions par les filiales de production étrangères ainsi que la perception des redevances, honoraires de gestion, loyers et rentes par les maisons mères génèrent un excédent au niveau de cette balance.

Le déficit de la balance des paiements du pays d'origine résulte aussi des opérations sur marchandises de leurs multinationales. En effet, en investissement dans la production à l'étranger, ces entreprises provoquent un recul des exportations par rapport aux importations, d'autant plus qu'elles peuvent, à partir de leurs bases étrangères, écouler leurs produits dans leurs pays d'origine. Mais lorsque les activités à l'étranger consistent dans l'assemblage ou le montage des pièces, le recul des exportations de produits finis est compensé par l'accroissement des exportations de pièces détachées et autres composants fabriqués par le pays d'origine.

c. L'intensification de la concurrence étrangère

Dans le secteur industriel, l'Ide entraîne une concurrence étrangère plus forte qui utilise les mêmes technologies de production, mais bénéficie de coûts salariaux plus faibles.

CHAPITRE II
LES ÉCONOMIES DES PAYS D'ACCUEIL

En tant qu'entreprise, la multinationale n'a pas pour finalité le développement du pays dans lequel elle s'implante, mais plutôt l'obtention de résultats financiers les plus avantageux possibles. Elle poursuit donc d'abord et surtout des objectifs ou des intérêts qui lui sont propres : compression de ses coûts de production (prix de revient, charges fiscales, salariales, etc.), maximisation de son prix de vente, optimisation de son résultat, etc.

Néanmoins, bien qu'elle profite d'abord et surtout à la firme elle-même, l'implantation de filiales de production à l'étranger n'est pas nécessairement néfaste pour lacroissance du pays-hôte, d'autant plus qu'en l'absence de la multinationale l'activité économique génératrice d'emplois et de revenus n'aurait peut-être pas été créée ou l'aurait été dans des conditions de rentabilité médiocres.

En fait, les effets positifs et négatifs des multinationales se compensent, de sorte qu'il paraît plus juste de parler de complémentarité entre les objectifs de la firme et ceux des pays d'accueil. En effet, l'investissement direct à l'étranger peut être vu sous l'angle d'un conglomérat de facteurs ou d'une enveloppe susceptible de comporter non seulement des financements en capital, mais aussi, fréquemment, la technologie moderne, les techniques de gestion et l'accès aux marchés mondiaux. À ce titre, les multinationales sont à même de contribuer utilement à la croissance et à la prospérité des pays-hôtes.

1. Les économies développées

L'investissement direct à l'étranger n'a pas manqué d'être bénéfique pour la croissance des économies développées qui l'ont accueilli : il s'est accompagné d'un transfert de ressources, d'une utilisation efficace des ressources et d'une amélioration de la balance des paiements.

a. Le transfert de ressources

La présence des firmes étrangères dans les pays développés a donné lieu à d'importants transferts de ressources venant s'ajouter aux ressources productives dont disposait déjà le pays d'accueil. Il s'agit notamment de l'épargne extérieure, de la main-d'œuvre qualifiée, de la technologie, des emplois, de la recherche, de la formation de la main-d'œuvre locale, de l'exploitation des ressources naturelles, etc.

En ce qui concerne particulièrement les ressources humaines et technologiques, elles jouent un rôle clé dans le processus de croissance.

En effet, d'une part, les apports de travail très qualifié faits par les multinationales permettent un transfert de connaissance par l'apprentissage (*learning by doing*), l'acquisition de nouvelles compétences et la formation de la main-d'œuvre.

D'autre part, les firmes ne peuvent empêcher la diffusion de la technologie par imitation et sont souvent obligées d'organiser ce transfert de technologie, pour obtenir des filiales ateliers des produits correspondants à leurs standards. L'apport de ces nouvelles technologies fait augmenter la productivité dans le pays récepteur et lui fait des économies de dépenses de recherche.

Enfin, la présence de filiales exige la réalisation d'infrastructures (moyens de communication par exemple) et la fourniture de biens publics (sécurité) qui rendent le territoire attractif et suscitent donc l'arrivée de nouvelles firmes : des pôles de développement peuvent ainsi se constituer. La croissance se diffuserait ainsi des pays les plus avancés vers les autres pays.

b. L'efficacité dans l'utilisation des ressources

Les activités des filiales étrangères augmentent d'une manière ou d'une autre la productivité des ressources locales des pays développés, à travers notamment le développement des exportations de produits manufacturés, les activités de recherche et développement, etc. En outre, la production domestique augmente par la croissance de la production des firmes reprises par les intérêts étrangers.

Cette allocation des ressources est particulièrement améliorée si les firmes étrangères investissent dans les secteurs pour lesquels le pays d'accueil dispose d'un avantage comparatif qu'elle ne pouvait pas suffisamment exploiter, ce qui fait que l'efficacité économique générale devrait augmenter.

Cependant, il faut noter que la filiale étrangère est en position privilégiée par rapport à ces concurrents locaux : elle bénéficie d'un accès direct aux connaissances de la firme mère, à son épargne, aux marchés financiers locaux et internationaux (avec la caution de la maison mère). Tous ces éléments rendent l'adaptation des firmes domestiques plus difficiles et peuvent poser un problème dans le cas d'une politique de développement qui voudrait privilégier les intérêts des nationaux.

c. L'amélioration de la situation de la balance des paiements

Le principal point d'impact sur la balance des paiements des pays d'accueil développés réside moins dans les flux de capitaux et les remises de profits que dans la balance commerciale de ces pays en raison du développement des exportations.

Cependant, ces investissements ont plutôt tendance à accélérer un processus de substitution à l'importation qui se serait de toute façon produit, de sorte que leur effet sur la balance est, pour les pays développés, assez faible.

2. Les économies en développement

La présence des filiales étrangères dans les pays hôtes en développement est un ressort important pour la croissance de ces pays dans la mesure où elle s'accompagne non seulement d'un financement en capital, mais aussi des transferts de technologie et des effets d'apprentissage, de l'amélioration des capacités de gestion locales et de l'accès aux marchés internationaux (débouchés, approvisionnement, adaptation aux normes, etc.).

a. L'apport de capitaux

Les pays en développement, tout comme la plupart des pays en transition, se trouvent confrontés au problème du financement de leurs activités économiques avec des ressources domestiques souvent insuffisantes. Le recours aux crédits internationaux est pour la plupart d'entre eux limité par le niveau de leur endettement et, malgré les promesses qui tardent à se concrétiser, l'aide au développement est insuffisante.

À ce titre, les flux d'Ide opérés par les multinationales occupent une place déterminante parmi les sources de financement des PED. En effet, ces firmes contribuent à la formation intérieure du capital dans ces pays en y finançant leurs investissements directs à partir de l'épargne récoltée soit dans leurs pays d'origine, soit dans des pays tiers. Par ailleurs, un certain nombre d'effets secondaires accompagne cet apport net de capitaux. Il s'agit, entre autres, de la génération de recettes fiscales, de l'amélioration de la situation de la balance des paiements et de la création d'emplois.

Cependant, un certain nombre de facteurs annihilent les effets de cet apport de capitaux.

- ***Le délaissement des pays les moins avancés***

Les multinationales n'investissent pas là où les besoins de développement sont les plus pressants, mais là où les bénéfices attendus sont les plus élevés. Elles s'installent donc dans les régions qui leur ouvrent un marché, leur fournissent les ressources naturelles nécessaires, une main-d'œuvre bon marché et surtout mieux formée ainsi que les infrastructures les plus développées. Bref, les stratégies de localisation des multinationales consistent à combiner de façon optimale un ensemble de facteurs qui conduit à délaisser les pays pauvres.

C'est à ce titre que ce sont les pays du Sud à économie émergente (Chine, Singapour, Corée du Sud, Thaïlande, Taïwan, Brésil, Mexique, Afrique du Sud, etc.) qui monopolisent les flux d'Ide vers les PED.

- ***L'importance du manque à gagner***

Malgré l'apport de capitaux généré par les Ide, ceux-ci ne sont pas si profitables aux PED en raison notamment du rapatriement des bénéfices, de la manipulation des prix de cession interne et des exemptions fiscales.

- ***Le rapatriement des bénéfices***

Tout l'argent investi dans les pays du Sud ne reste pas sur le territoire de ces derniers. En effet, motivé par l'appât du gain, un investisseur cherche d'abord à dégager des bénéfices. Mais ces bénéfices (dividendes, intérêts, redevances, honoraires de gestion, loyers, rentes, etc.)Sont pour une part importante rapatriée dans son pays d'origine au lieu d'être réinvestis dans l'économie du pays d'accueil, ce qui diminue d'autant les ressources financières disponibles au développement de ce dernier. À titre d'exemple, pour chaque dollar investi, près de 30 cents de bénéfice sont rapatriés. Pour l'Afrique subsaharienne, ce sont même 75 cents qui repartent !

À cela s'ajoutent les acquisitions que l'investisseur réalise à l'étranger (équipements, pièces de rechange, etc.), qui provoquent le déséquilibre de la balance des paiements du pays d'accueil. En effet, si, à court terme, la multinationale peut améliorer la situation de la balance des paiements de ce pays par l'apport initial de capitaux étrangers, la substitution des fabrications locales aux importations et l'expansion des exportations, à long terme par contre, cette balance devient déficitaire en raison des importations de biens et de services liés à l'implantation de cette multinationale. Le pays hôte voit ainsi plus d'argent quitter son territoire que d'argent rentrer.

- ***La manipulation des prix de transfert***

Les multinationales fixent généralement les prix de transfert de manière arbitraire afin de comprimer leurs charges fiscales, et cela soit en sous-facturant les livraisons des filiales aux maisons-mères, soit en surfacturant les importations des filiales provenant du siège social. Ces pratiques permettent de transférer des fonds du pays hôte vers le pays d'origine.

Les transactions internes aux entreprises transnationales échappent ainsi au contrôle national et privent le pays d'accueil d'une partie de ses recettes fiscales.

- ***Les exemptions fiscales***

Pour amener les multinationales à s'implanter sur leur territoire plutôt que sur un autre, les pays hôtes leur raccordent des avantages non négligeables, dont particulièrement les exemptions fiscales, qui constituent pour ces pays un manque à gagner considérable.

- ***La stagnation et/ou la réduction du niveau de l'emploi***

Les multinationales sont, en principe, les principaux employeurs dans les PED grâce à la création de nouvelles activités. Cependant, étant donné qu'elles mettent en œuvre des techniques à forte intensité de capital (mécanisation et automatisation intenses) en lieu et place de techniques simples fortement utilisatrices de main-d'œuvre, ces entreprises n'accroissent finalement que relativement la capacité d'accueil du marché du travail des pays où elles sont implantées.

Bien plus, la plupart des investissements directs à l'étranger constituent aujourd'hui de simples acquisitions ou fusions de firmes déjà existantes sans créer de nouvelles activités productives génératrices d'emplois. Ces restructurations s'accompagnent même souvent de destructions de postes de travail (licenciement) très supérieures aux créations.

Par ailleurs, les multinationales recourent abondamment à la main-d'œuvre étrangère et investissent presque exclusivement dans les secteurs à forte intensité de capital (minerais, pétrole, produits chimiques, etc.).

Enfin, alors que dans les pays développés les gains de productivité reviennent pour partie aux salariés dont la rémunération s'élève, dans les PED l'existence d'un fort réservoir de main-d'œuvre et la croissance démographique maintiennent les salaires au minimum de subsistance. Ce mécanisme préserve l'attractivité du territoire pour les industries de main-d'œuvre, mais ralentit l'essor du marché interne.

À cela s'ajoute la disparition de l'industrie locale, incapable de faire face à la concurrence de firmes multinationales. Elle bénéficie en effet de moins d'avantages que l'entreprise multinationale en matière d'économies d'échelle, d'accès aux capitaux ou au savoir.

b. Les transferts de technologies et les effets d'apprentissage

Les multinationales investissent une part significative de leurs budgets dans la recherche et développement, de sorte qu'elles détiennent une bonne maîtrise de la technologie. À ce titre, elles constituent, potentiellement, une source féconde d'informations précieuses sur les nouveautés en matière de techniques, de procédés, etc.

Le transfert de cette information dans les pays en développement se traduit, à long terme, par des augmentations matérielles de croissance et de productivité. Mais ce transfert de technologies dans les PED dépend de la capacité d'absorption locale du progrès technique « importé » via les filiales des multinationales, de l'adéquation de cette technologie aux besoins du pays, des compétences des salariés, etc. En effet, le rôle du capital humain est fondamental dans le processus d'apprentissage et d'appropriation de technologies.

Le manque de formation ou de connaissances techniques ne permet pas ainsi à la plupart des habitants des pays en voie de développement d'assimiler ces informations et méthodes nouvelles, de sorte qu'il leur est difficile d'assurer le fonctionnement et l'entretien de secteurs industriels techniquement complexes (sidérurgie, métallurgie, chimie lourde, etc.). Bien plus, même s'il y a dans certains pays en développement un personnel doté d'une formation de haut niveau (Inde, Mexique, Venezuela, Corée du Sud, Malaisie, etc.), il préfère émigrer dans les pays industrialisés en raison de conditions salariales et de travail (fuite de cerveaux).

Par ailleurs, les multinationales ne favorisent pas le progrès technologique des pays en développement étant donné qu'elles réalisent dans leurs pays d'origine l'essentiel de leurs travaux de recherche et développement. Ainsi écartés de la recherche fondamentale et appliquée, ces pays sont amenés à en accepter les résultats (brevets d'invention, licences de fabrication, etc.) sans y avoir participé, de sorte qu'ils subissent la technologie sans pouvoir la maîtriser.

c. L'amélioration des capacités de gestion locales

La plupart des pays en développement ne disposent pas, en nombre suffisant, de gestionnaires capables d'organiser et de faire fonctionner des réalisations industrielles aussi importantes que celles que les multinationales mettent à leur actif. En effet, il manque trop souvent aux individus le « savoir-faire », cette habileté acquise par l'expérience dans l'exercice d'un métier, indispensable à la gestion d'une entreprise.

De fait, le management est, peut-être plus que la technologie, un facteur de production d'un type assez spécial : il s'apprend par l'action (*learning by doing*), en ce sens que sa productivité s'accroît dans le temps simplement par le fait d'être utilisé activement, de sorte que c'est en confiant certains postes importants de gestionnaire à des nationaux des pays d'accueil dans les filiales de production qui y sont implantées qu'une multinationale peut leur transmettre son savoir-faire managérial, contribuant ainsi à la formation et au renforcement de l'entrepreneuriat autochtone.

Mais comme en matière de technologie, la capacité des nationaux à assimiler les techniques de gestion dépend de leur niveau général de formation.

d. L'accès aux marchés internationaux

De manière générale, les multinationales obtiennent de meilleurs résultats et sont plus efficaces que les entreprises nationales, notamment dans le secteur d'exportations. Ce résultat peut objectivement s'expliquer par l'intégration internationale de ces firmes qui bénéficient des réseaux d'approvisionnement plus étendus et des débouchés dans leurs pays d'origine ou dans les pays tiers.

De fait, une multinationale pleinement intégrée peut agir sur les exportations des pays d'accueil à travers différentes stratégies : faire du pays d'accueil une plate-forme de réexportation soit vers le pays d'origine, soit vers des marchés tiers ; avoir pour but la conquête de nouveaux marchés dans la région ; concurrencer les entreprises locales et donc, soit les rendre plus compétitives, soit les faire disparaître ; et surtout elle va modifier la spécialisation à l'exportation du pays.

IV. LES MULTINATIONALES ET LES ÉTATS NATIONAUX

Le monde actuel est secoué par l'affrontement entre deux forces gigantesques, à savoir, d'une part, le pouvoir politique des États, marqué par des frontières politiques, et, d'autre part, la puissance économique des multinationales, irrespectueuse de ces frontières et obéissant à sa propre logique, indépendante de celle des États nationaux.

En effet, tout en ayant besoin de ces firmes pour les ressources fiscales et autres qu'elles génèrent, les États nationaux ont de l'aversion pour elles en tant qu'elles échappent de plus en plus à leur contrôle.

CHAPITRE I
LE CONTRÔLE ÉTATIQUE SUR LES MULTINATIONALES

Le contrôle que les États exercent sur les multinationales est différent selon qu'il s'agit des pays d'origine ou des pays d'accueil.

1. Le contrôle étatique dans les pays d'origine

Les multinationales peuvent constituer un facteur de puissance pour leurs États d'origine. En effet, dans la mesure où ces firmes ont le plus souvent leur principal centre de décision dans leur pays d'origine, l'État peut exercer une influence sur elles et les utiliser comme instruments des objectifs plus larges de leur politique extérieure.

C'est ainsi que pour l'école néo-réaliste, les multinationales n'existent que grâce et pour les États, et ne seraient donc pas des acteurs autonomes. Ce sont des légions au service des États. En ce qui concerne par exemple les États-Unis, Robert Gilpin affirme que les entreprises multinationales sont effectivement l'expression de l'expansionnisme américain.

De même, pour l'école de la dépendance, les multinationales participent activement à l'exploitation de la périphérie (main-d'œuvre des pays du tiers monde, matières premières, sols…) par le centre du centre (décideurs des firmes, gouvernements des pays occidentaux) avec l'aide du centre de la périphérie (dirigeants des filiales, gouvernements corrompus) et de la périphérie du centre (consommateurs).

Les multinationales permettent aussi la diffusion d'un mode de consommation parfois inadapté. L'exemple du lait en poudre en Afrique subsaharienne est représentatif dans ce domaine. Cette diffusion culturelle pourra ensuite auto-entretenir cette domination par la création de besoins nouveaux au sein des populations de la périphérie.

2. Le contrôle étatique dans les pays d'accueil

Le contrôle que les États exercent sur les multinationales est lié à la territorialité de ces firmes, c'est-à-dire à leur appartenance ou à leur rattachement à un territoire étatique. En effet, d'une part, la territorialité contraint les multinationales à suivre les règles et les lois qui s'appliquent au territoire auquel elles sont rattachées (paiement des impôts, poursuite en justice, etc.) ; d'autre part, du fait de cette territorialité, les multinationales se trouvent soumises à une autorité (réglementaire, juridique, parfois politique) en cas d'infraction.

Ces contraintes étatiques qui pèsent sur les firmes transnationales étaient particulièrement fortes à l'époque où ces dernières mettaient en œuvre les stratégies d'approvisionnement et de marché dans le processus de leur multinationalisation.

a. Contrôle étatique dans la stratégie d'approvisionnement

Dans la stratégie d'approvisionnement (jusqu'aux années 1920), la multinationale était effectivement dépendante du territoire du pays d'accueil, de ses richesses naturelles et de son sous-sol. Les autorités politiques et réglementaires, nationales ou locales, étaient dans un rapport de force favorable vis-à-vis des multinationales, en quelque sorte « prisonnières » des territoires qui les accueillaient.

b. Contrôle étatique dans la stratégie de marchés

Dans la stratégie de marché (fin années 1920 - années 1960), les multinationales étaient encore assez dépendantes de leur territoire d'implantation à l'étranger, mais moins que dans la stratégie d'approvisionnement.

De fait, elles étaient dépendantes économiquement de la demande existant sur les marchés desservis par les filiales-relais d'une part, et d'autre part, des interventions de politique économique des États des pays d'accueil touchant les flux de commerce extérieur (droits de douane sur les intrants importés par les filiales) et intérieur (politique des prix et des revenus) ou la régulation de l'économie (fiscalité locale par exemple).

Forts de ce rapport de force favorable vis-à-vis des multinationales, les pouvoirs étatiques pouvaient user de menaces ou de mesures de rétorsion, pouvant aller jusqu'à la nationalisation des filiales locales de ces firmes. C'est ainsi que 1 639 procédures de nationalisations avaient été lancées entre 1960 et 1975.

CHAPITRE II
L'AFFRANCHISSEMENT DES MULTINATIONALES DU CONTRÔLE ÉTATIQUE

Les multinationales se sont affranchies du contrôle étatique dans les pays d'accueil de leurs filiales à partir du moment où elles ont commencé à mettre en œuvre la stratégie de délocalisation (fin des années 1960) et les nouvelles formes d'investissement (années 1980) pour leur implantation à travers le monde.

De fait, l'effet commun de ces deux stratégies est de permettre aux multinationales non seulement de faire éclater les frontières nationales, mais aussi, en ce qui concerne particulièrement la dernière, de les émanciper des contraintes leur imposées par le pouvoir réglementaire de l'État et, dans une moindre mesure, le pouvoir syndical dans les pays d'accueil de leurs filiales.

1. La délocalisation des unités de production

La délocalisation est le transfert de tout ou partie des activités de production d'une multinationale dans d'autres pays pour tirer parti de coûts de production (en capital, en intrants, en salaires) plus faibles dans les pays hôtes et d'économies d'échelle dues à la forte spécialisation de filiales-ateliers.

Cette stratégie permet aux multinationales d'arbitrer entre les territoires d'accueil potentiels en fonction de leurs avantages comparés. Il s'agit là d'un atout majeur pour ces firmes en tant qu'elle les rend capables de délocaliser leurs activités en faveur d'un environnement plus accommodant lorsqu'elles se sentent soumises à des pressions ou quand on leur pose des conditions trop dures à leur installation.

Cette liberté de choix entre plusieurs lieux d'implantation est la preuve d'une émancipation partielle des multinationales vis-à-vis des contraintes territoriales. À la limite, la menace de délocalisation est utilisée par les multinationales comme moyen de discipliner la main-d'œuvre, syndiquée ou non, en matière de salaire et de conditions de travail.

2. Les nouvelles formes d'investissement (NFI)

Les nouvelles formes d'investissement sont les relations développées par les multinationales sans engager de capitaux (ou peu). C'est notamment le cas avec les filiales étrangères où la multinationale possède moins de 50 % du capital, des accords de licence, de l'assistance technique, du franchisage, de la sous-traitance internationale, etc.

L'effet commun de ces nouvelles formules d'internationalisation des firmes est de leur permettre d'être présentes dans des pays étrangers, et d'y développer leurs activités économiques sans procéder à un investissement direct à l'étranger (et donc avec une mise de fonds limitée, voire presque nulle dans certains cas). En effet, c'est souvent le partenaire local qui fournit l'essentiel des capitaux et parfois s'endette dans ce but, ce qui rend lâche le lien entre la multinationale et le territoire d'accueil.

CHAPITRE III
L'INSTRUMENTALISATION DES ÉTATS

Non seulement les multinationales échappent au contrôle des États nationaux, mais encore elles utilisent ces derniers à leur profit.

1. Les États d'origine

En vue de maintenir leur compétitivité sur les marchés mondiaux, les multinationales s'emploient à mettre leurs États d'origine au service de leur performance commerciale. C'est ainsi que ces États doivent procéder à la libéralisation de tous les marchés, à la déréglementation des secteurs industriels et des marchés, et à la privatisation des entreprises et des services publics.

Bien plus, ces États se voient chargés de couvrir le coût des infrastructures nécessaires à l'investissement privé (autoroutes, aéroports…), de mettre en place des incitations d'ordre financier et fiscal, de diminuer l'impôt sur le revenu et sur les bénéfices, de stabiliser ou de baisser les salaires, d'amoindrir le rôle des syndicats, de réduire les dépenses liées à la sécurité sociale, de garantir des débouchés suffisants (marchés publics), etc.

Concernant enfin leurs activités à l'étranger, les gouvernements de leurs pays d'origine soutiennent les multinationales dans l'obtention de nouveaux marchés. Et en cas de crise, l'État d'origine va protéger les investissements de ses multinationales comme il aura tendance à protéger ses ressortissants.

Cette utilisation de l'État par les multinationales a eu pour résultat l'amélioration de leur rentabilité brute dans la quasi-totalité des grands pays industriels avancés. Mais cela a eu des conséquences sociales graves : aggravation du chômage, baisse des salaires, abandon des acquis sociaux, etc.

2. Les États d'accueil

En ce qui concerne les États d'accueil, et particulièrement ceux du Sud, les multinationales exercent sur leurs gouvernements des pressions économiques et militaires pour lever les entraves institutionnelles et réglementaires qui empêchent leur libre accès aux ressources naturelles afin qu'elles en deviennent les seuls maîtres.

a. Les pressions économiques

Les pressions économiques consistent à subordonner l'aide publique au développement, qu'elle soit bilatérale ou multilatérale, à des conditions imposant la cession d'entreprises publiques (remplacement de l'État comme propriétaire) et diverses formes de déréglementation.

En effet, la cession d'entreprises (privatisation) permet aux multinationales de ne pas avoir à en créer de nouvelles, en vue d'un rendement rapide sur l'investissement initial. Cette privatisation constitue cependant un bradage des entreprises publiques, en même temps qu'elle entraîne l'augmentation du chômage, la chute du salaire minimum, la réduction des prestations sociales, la perte de tout contrôle national sur les décisions majeures d'investissement, de financement de l'expansion et du niveau de l'emploi au profit d'administrateurs étrangers, dont le seul critère de référence est la rentabilité de leurs filiales.

Par ailleurs, pour rendre la tâche facile au secteur privé, l'État du Sud doit déréglementer ou déréguler l'économie en faisant jouer de façon optimale les règles du marché, et prendre en charge le coût des infrastructures nécessaires aux investissements privés.

Enfin, en plus d'influencer les États par ce lobbying dont aucun autre acteur n'a les moyens, les multinationales peuvent avoir recours à de la corruption. Cela peut aller de la corruption d'agents publics en vue de l'obtention d'un marché, à la capture d'État. Dans cette dernière, la corruption a lieu le plus en amont possible de la décision, au niveau de la législation (code minier laxiste par exemple).

b. Les pressions militaires

Lorsque les pressions économiques ne suffisent pas à fléchir les gouvernements des pays du Sud, les multinationales optent carrément pour l'action militaire. En effet, grâce à leurs énormes capacités financières, ces entreprises sont capables de se procurer armes, munitions et équipements militaires sophistiqués, de recruter des mercenaires, de financer des rébellions, etc.

Elles sont ainsi à même de déstabiliser les pouvoirs qui leur sont défavorables pour leur substituer des pouvoirs à leur solde devant favoriser la cession des entreprises publiques (privatisation) et déréguler l'économie afin de faciliter leurs opérations.

La R.D. Congo par exemple a été, si elle ne l'est pas toujours, la parfaite illustration de ce scénario. En effet, les dimensions de ce pays (aussi grand que l'actuelle Union européenne), sa situation géostratégique au cœur du continent, le partage de ses frontières avec neuf pays et surtout ses immenses réserves minières le désignaient comme premiers cible et terrain de choix de la mise en application de la nouvelle stratégie des multinationales consistant à assurer leur accès aux ressources naturelles de l'Afrique.

De fait, ces firmes sont en quête de certains métaux rares et précieux présents dans le sous-sol congolais et très recherchés pour leur résistance à des températures extrêmes (cobalt, lithium, niobium, tungstène, coltan, or, etc.). Ces métaux servent à la fabrication de piles à longue durée (ordinateurs, téléphones portables...) ainsi qu'à la mise au point d'alliages spéciaux entrant dans la composition de nombreuses pièces nécessaires à la construction de centrales nucléaires et de réacteurs (fusées, missiles, avions civils et militaires, etc.).

Pour accéder à ces métaux, de nombreuses entreprises industrielles américaines ont participé, en 1995, à la création d'une multinationale dénommée « American Mineral Field Inc. », en sigle AMFI, aujourd'hui rebaptisée « ADASTRA ». Cette firme a été forgée comme un instrument destiné à concrétiser et gérer les ambitions économiques des États-Unis à travers le financement des opérations de déstabilisation de la RDC déclenchées en 1996. Ces opérations devaient, en effet, aboutir au démembrement du Congo et à sa partition en de micros États antagonistes, démunis de moyens financiers et d'infrastructures économiques. Ne possédant pas d'armée, ces États en proie à l'insécurité allaient être placés sous la dépendance totale de l'AMFI à travers sa mainmise sur les secteurs stratégiques de leur économie.

L'AMFI apporta ainsi un appui financier, militaire et logistique déterminant aux organisations coalisées au sein de l'AFDL pour mettre un terme à la dictature mobutiste en 1996-1997. En échange de ce soutien, l'AFDL avait, en avril 1997 et avant même qu'elle ait officiellement pris le pouvoir à Kinshasa, signé avec les dirigeants de l'AMFI des accords portant sur les mines de cobalt de Kolwezi, sur celles de zinc de Kipushi ainsi que sur la cession de la GCM.

Cependant, le plan de l'AMFI ne s'était pas déroulé conformément à ses prévisions, car une fois au pouvoir, Laurent Désiré Kabila remit en cause les contrats signés avec ce consortium américano-canadien en faveur de la compagnie sud-africaine Anglo-American Corporation (AAC) et dénonça le contrat de privatisation de la GCM. Le dirigeant congolais remit également en question les accords qu'il avait passés avec ses anciens alliés (Museveni, Kagame et Buyoya) en septembre-octobre 1996. Ces accords concernaient le prix à payer par le Congo pour l'aide apportée dans cette guerre (révision du tracé des frontières) et le problème de la sécurité aux frontières des quatre pays. Ces dénonciations ont constitué l'étincelle qui a déclenché le conflit qui a éclaté le 2 août 1998.

Dans ce second conflit et à défaut d'assujettir l'État congolais et de le réduire en État gendarme et garant de ses intérêts, l'AMFI fit appel aux armées du Rwanda, de l'Ouganda et du Burundi pour réaliser le même but. En effet, cette tentative d'appropriation du Congo par la guerre aurait, en cas de victoire des agresseurs, permis aux firmes industrielles américaines camouflées derrière l'AMFI (ADASTRA) de disposer souverainement des richesses minières du Congo et d'en faire l'usage qui correspondait le mieux à leurs intérêts. Cette démarche de l'AMFI (ADASTRA) a donc consisté, fondamentalement, en une remise en question de la souveraineté de l'État congolais en tant que propriétaire du patrimoine national, législateur et régulateur de l'économie, et garant des droits et des intérêts du peuple congolais.

Cependant, les planificateurs de cette guerre, prévue pour durer dix à vingt-sept jours au maximum, n'avaient manifestement pas entrevu la résistance du peuple congolais et surtout les interventions de l'Angola, de la Namibie et du Zimbabwe aux côtés du gouvernement congolais. C'est ainsi que la prolongation des hostilités et les incertitudes sur une victoire des armées liées aux multinationales auraient joué un grand rôle dans le fléchissement des puissances occidentales, les États-Unis en tête, qui se sont investis dans l'instauration des conditions favorisant le retour de la paix, de la sécurité et de la stabilité dans la sous-région des Grands Lacs d'Afrique.

En fait, cette pacification du pays a plutôt correspondu à la mise en place d'un « État facilitateur » qui doit favoriser la cession des entreprises publiques (privatisation) et déréguler l'économie afin de permettre aux multinationales d'accéder à vil prix aux ressources minérales de la RDC grâce aux concessions minières acquises à travers des contrats léonins au détriment des intérêts supérieurs du peuple congolais.

CHAPITRE IV
TENDANCES ET PERSPECTIVES

À la fin du XXe siècle et au début du XXIe siècle, la tendance n'est plus, de façon générale, à la confrontation Etats-FTN, mais plutôt à la coopération. Par ailleurs, l'impuissance des États face au transnationales, loin d'être absolue, devient plutôt relative.

1. La coopération États multinationales

Les relations entre multinationales et États sont largement pacifiées, bien que certaines tensions demeurent encore entre acteurs publics et acteurs privés : dans le contexte de la mondialisation et de l'élargissement de la sphère de l'économie de marché, les FTN apparaissent souvent comme des alliées dans la mesure où elles accroissent la qualité du tissu économique national, dans les pays aussi bien développés qu'en développement.

a. La situation dans les pays développés

Les FTN occupent une place très importante dans les pays du Nord et plus particulièrement dans certaines activités (dans la coopération au développement, ou les recherches dans les biotechnologies, par exemple). C'est ainsi que les États du Nord ont désormais la volonté d'aider les multinationales.

En effet, concernant par exemple les activités de ces firmes à l'étranger, leurs gouvernements d'origine les soutiennent dans l'obtention de nouveaux marchés. Et en cas de crise, l'État d'origine va protéger les investissements de ses multinationales comme il aura tendance à protéger ses ressortissants. De même, en vue de maintenir la compétitive de leurs multinationales sur les marchés mondiaux, les États d'origine se voient contraints de procéder à la libéralisation de tous les marchés, à la déréglementation de secteurs industriels et des marchés ainsi qu'à la privatisation des entreprises et des services publics.

Les États d'origine se voient même chargés de couvrir le coût des infrastructures nécessaires à l'investissement privé (autoroutes, aéroports...), de mettre en place des incitations d'ordre financier et fiscal, de diminuer l'impôt sur le revenu et sur les bénéfices, de stabiliser ou de baisser les salaires, d'amoindrir le rôle des syndicats, d'abaisser les charges sociales, de garantir des débouchés suffisants (marchés publics) etc.

Au total, la souveraineté des États est alors soumise aux stratégies globales des plus grandes multinationales. Concrètement, l'aménagement d'un port par exemple dépend désormais, au XXe siècle, moins des plans décidés par le gouvernement que de ceux des chargeurs, armateurs ou opérateurs des multinationales.

b. Le cas des pays en développement

Beaucoup de pays en développement adoptent des mesures susceptibles d'encourager l'implantation de FTN sur leur territoire (dégrèvements fiscaux, investissements publics dans les infrastructures, création de zones franches ou des sociétés mixtes ouvertes, aux capitaux étrangers, etc.). Des infrastructures, comme des autoroutes ou des aéroports, sont construites pour faciliter l'implantation de filiales de ces entreprises. C'est une diplomatie de persuasion à leur intention qui est mise en place.

Dans un autre sens, il y a une augmentation de la redevance financière versée à l'État d'accueil pour la vente des matières premières.

Au total, l'heure du conflit semble s'éloigner pour laisser place à une coopération États–FTN. C'est donc une interdépendance mutuelle qui 'est créée entre les multinationales et les États. Ces derniers cherchent alors la coopération des dirigeants de ces multinationales, même si cela se fait toujours dans les contraintes (économiques, sociales, historiques…) de chaque pays.

Plus concrètement, des États ont désormais passé des contrats avec des firmes étrangères pour que ces dernières s'occupent du développement de nombreuses activités. Les gouvernements font appel à ces sociétés afin de réduire leurs coûts d'infrastructures et de recherche. C'est particulièrement le cas dans les domaines de l'agroalimentaire, de la chimie, ou de l'informatique. Cela va même jusqu'au domaine militaire, etc.

c. L'impuissance mitigée de l'État face aux multinationales

L'impuissance de l'Etat face aux FTN, loin d'être absolue, devient plutôt mitigée. En effet, l'action des États n'a en réalité jamais cessé et la montée en puissance des grandes entreprises transnationales ne conduit pas pour autant à la disparition des Etats, de la souveraineté et des frontières.

d. La résistance de l'État

Le problème de l'érosion de la souveraineté ne peut pas être traité de manière globale, car cette érosion ne touche pas tous les Etats de manière indifférenciée. La souveraineté se distribue, en effet, de manière très « inégale » entre les États, car tout dépend de quel type d'État il s'agit.

En effet, on peut distinguer avec Robert Cooper trois grands types d'États dans le monde actuel :

- Les États « pré-modernes »

Ce sont des États qui n'ont pas accédé à une vie d'État-nation doté de frontières fixes, d'un gouvernement doté du monopole de la violence légitime et capable de déployer une véritable politique étrangère (somalie, Sierra Leone, Libéria, région des Grands Lacs Subsaharienne, Afghanistan…).

Ces États « faillis », pauvres, en proie à l'anarchie interne et secoués par la guerre civile, sont privés d'autorités ou de gouvernement central légitime capable d'agir efficacement. De fait, leurs gouvernements sont contestés et combattus par une fraction de la population. Ayant ainsi perdu le monopole de la violence légitime.

Les États « pré-modernes » sont les plus démunis face au pouvoir des FTN qui leur imposent des choix pouvant nuire au bien-être de leur population.

- Les États « modernes »

Ce sont des États très attachés à leurs intérêts nationaux et pour lesquels l'idée de souveraineté et de frontière joue un rôle important (Chine, Pakistan, Brésil…).

- Les États « post-modernes »

Ces États correspondent aux démocraties occidentales prospères aux institutions relativement robustes, qui ont rejeté l'usage de la force pour régler leurs différends et dont la sécurité repose en grande partie sur la transparence de leur politique étrangère et l'interdépendance de leur économie.

Les États « post-modernes » sont des acteurs majeurs du système international. En effet, leur rôle dans la régulation des conflits internationaux et des échanges économique demeure primordial. De même, en dépit de la montée en puissance des FTN, ces États demeurent les principaux fournisseurs de moyens en matière de sécurité : seuls oui collectivement, ils ont la charge de protéger leurs citoyens, d'assurer leur sécurité, de défendre des valeurs communes et de préserver les équilibres géopolitiques.

À ce titre, les États « post-modernes » sont loin d'avoir perdu le monopole de la violence légitime et résistent mieux aux « attaques » contre leur souveraineté.

a. La mise au pas des multinationales

La puissance des FTN, ces « nouveaux maîtres du monde », doit être relativisée. En effet, ces firmes ne sont pas exemptes de contraintes, comme les nouvelles exigences en matière de responsabilité sociale des entreprises (RSE) auxquelles elles doivent se conformer par exemple dans les pays émergents désireux d'exercer toute leur souveraineté sur leur territoire.

Le World Business Council for Sustainable Development définit la RSE comme l'engagement de l'entreprise à « contribuer au développement économique durable, en travaillant avec les employés, leurs familles, la communauté locale et la société pour améliorer leur qualité de vie ». La RSE met, en effet, le comportement des firmes au cœur de ses préoccupations : d'une part, elle fait pression sur l'entreprise pour qu'elle poursuive des objectifs de long terme servant le bien-être de la société ; d'autre part, elle pousse ses dirigeants à traiter équitablement les salariés, à respecter les droits humains, à interdire le travail des enfants pour des salaires de misère et dans des conditions d'insalubrité épouvantable, à respecter l'environnement écologique, etc.

- L'impact local des multinationales

Cet impact local positif des multinationales s'analyse en termes de délocalisation. En effet, si les délocalisations ont une connotation négative dans l'opinion publique occidentale, car elles sont accusées d'être responsables en particulier de la désindustrialisation des économies du

Nord et des destructions d'emplois correspondants (l'emploi part à l'étranger), la RSE y voit en revanche une chance pour les pays du Sud dans la mesure où elles permettent un transfert d'activité, d'emplois, de savoir-faire et de techniques vers ces pays. Ces derniers ouvrent ainsi des marchés aux entreprises des pays développés, lesquels peuvent accroître leur activité et leurs emplois.

En fait, l'effet des délocalisations sur l'emploi est discutable, car les créations d'emplois sont limitées, voire même inexistantes. En outre, très peu d'emplois de services, qui représentent 70 % de l'emploi dans les pays industrialisés, sont susceptibles d'être délocalisés, car ils supposent une proximité des producteurs et des consommateurs.

- Le traitement des ressources humaines

Il s'analyse en termes de non-discrimination ou de parité des rémunérations entre hommes et femmes, ainsi que d'égalité des chances d'accès aux fonctions les plus hautes des entreprises pour les femmes.

La même problématique de parité des rémunérations et d'égalité des chances d'accès se retrouve en matière de discrimination raciale.

- Le respect de l'environnement écologique

Les multinationales jouent donc un grand-rôle dans la dégradation de l'environnement comme en témoignant les marées noires à répétition et la perspective d'un réchauffement climatique lié aux rejets croissants d'oxydes de carbone dans l'atmosphère (rejets causés par la combustion du pétrole et son utilisation par l'industrie automobile). C'est ainsi que la pression exercée par les consommateurs et surtout par les ONG et certains médias empêche aujourd'hui la réalisation d'implantations dont les conséquences sont trop néfastes à l'environnement de vie local, mais également national et international. À cela s'ajoute le fait que l'accès aux marchés des pays les plus développés, qui sont encore les marchés les plus rentables, est conditionné par l'adoption de technologies propres.

Par ailleurs, d'un point de vue international, le protocole de Kyoto, signé en 1997, puis ratifié par un nombre suffisant de pays depuis 2005, est maintenant en vigueur depuis 2006. Les engagements de Kyoto prévoient l'attribution à chaque pays d'un quota d'émission qui sera ensuite réparti entre les entreprises par le jeu d'un marché des droits d'émission ou « permis de polluer ».

Au total, avec tout ce train de mesures, les multinationales sont conduites à assumer pleinement leur responsabilité environnementale et à jouer la carte du développement durable.

- La gouvernance d'entreprise

C'est dans le même sens que l'on parle de plus en plus de la gouvernance d'entreprise (GE), entendue comme l'ensemble des mécanismes qui ont pour effet de délimiter et d'influencer les décisions des managers, ou qui gouvernent leur conduite et définissent leur espace discrétionnaire (G. Charreaux, 1997, le Gouvernement-des entreprises, corporate governance, théorie et faits, Economica) ; L'objectif visé est le passage d'un gouvernement d'entreprise dominé par le pouvoir des managers à un gouvernement d'entreprise plus équilibré, au sein duquel le pouvoir tend à se répartir entre les actionnaires, les managers, mais aussi les salariés et les consommateurs.

Il existe deux grands modèles de la gouvernance d'entreprise : le système de la valeur actionnariale (shareholder value en anglais) et celui de la valeur partenariale (stakecholder value en anglais).

Le premier modèle a pour objectif d'atteindre la maximisation du profil pour l'actionnaire (pays anglo-saxons). À cet effet, les managers sont contrôlés par les assemblées générales d'actionnaire.

Le second modèle a pour objectif de défendre les intérêts de l'ensemble des parties prenantes de l'entreprise. Les acteurs principaux sont les actionnaires, la direction et le conseil d'administration. Les autres parties prenantes incluent les employés, les fournissent, les clients, les banques ou autres prêteurs, le voisinage (prise en compte de l'impact environnemental par exemple) et la communauté au sens large.

La gouvernance d'entreprise permet aux ayants droit et partenaires de l'entreprise de voir leurs intérêts respectés et leurs voix entendues dans le fonctionnement de celle-ci. La notion s'est développée à la suite de grands scandales financiers ayant affecté un actionnariat important (affaire Enron), du mépris de l'éthique (Nike et le travail des enfants) et de la destruction de l'environnement (Bhopal en Inde).

CONCLUSION

Les sociétés multinationales sont devenues la forme déterminante du grand capital, tissant une internationalisation de plus en plus poussée de la production. Mais leur relation avec le développement est sujette à controverses.

Pour les uns en effet, la multinationale est la locomotive du progrès et de la prospérité : elle apporte capitaux, technologie et techniques de gestion, indispensables à la productivité de l'économie ; elle est en outre génératrice d'emplois et de recettes fiscales ; elle sert enfin à équilibrer la balance des paiements par l'apport de capitaux étrangers, par la substitution des productions locales aux importations et par l'expansion des exportations.

Pour d'autres par contre, la multinationale est un mal absolu, car symbole du capitalisme dominateur et exploiteur : elle déstabilise la balance des paiements du pays d'accueil lorsque le volume des rapatriements des bénéfices dépasse celui des apports en capitaux ; elle crée du chômage en mettant en œuvre des techniques fortement capitalistiques en lieu et place des techniques à forte utilisation de travail ; elle freine le progrès technologique de ces pays en réalisant à l'étranger l'essentiel de ses travaux de recherche et développement ; enfin, par son action publicitaire, elle crée des habitudes de consommation qui ne correspondent pas à la couverture des besoins essentiels de la population, d'où gonflement de besoins secondaires que la grande majorité de cette population ne peut satisfaire.

Quoi qu'il en soit, le monde a besoin de cette force économique supranationale pour son exceptionnelle capacité de promouvoir la croissance : les pays développés par exemple restent fortement dépendants des produits et techniques liés à sa capacité d'innovation ; de même, les pays en développement sont très largement tributaires de sa capacité d'organisation et de ses marchés d'exportation.

Mais sur le plan politique, l'entreprise multinationale soulève des problèmes tenant au fait qu'elle échappe au contrôle des États nationaux, qu'ils soient d'origine ou d'accueil. Cela résulte, du point de vue des pays d'accueil, de la faculté d'une telle firme de penser en des termes qui dépassent le cadre d'un seul État et de sa capacité d'utiliser des ressources placées sous le régime de plusieurs juridictions.

En effet, les multinationales créent leur propre espace économique, indépendamment des États, et leur flexibilité leur permet d'exploiter les disparités de législations sociales ou environnementales, de mettre ces derniers en concurrence. La souveraineté des États est alors soumise aux stratégies globales des plus grandes multinationales. Concrètement, l'aménagement d'un port dépend désormais, au XXIe siècle, moins des plans décidés par le gouvernement que ceux des chargeurs, armateurs ou opérateurs des multinationales.

Ces sociétés peuvent alors exploiter massivement les ressources naturelles d'un pays, ou relocaliser leurs activités les plus polluantes vers les États les moins regardants. En cas de fraudes, il est difficile de les réprimer, car leurs activités illicites sont souvent installées entre deux ordres juridiques peu capables de les sanctionner. Plus généralement, l'organisation et l'importance de ces sociétés créent une « interdépendance globale », ce qui entraîne forcément une perte d'autonomie des États.

Bien plus, profitant de leur caractère transnational, les multinationales peuvent délocaliser leurs activités lorsqu'elles trouvent trop restrictives les mesures gouvernementales de réglementation de ces activités. Même les syndicats ouvriers craignent que l'adversaire qu'ils affrontent ne puisse répondre à leurs exigences en déplaçant tout simplement sa production dans d'autres pays.

À cela s'ajoute l'externalisation de plus en plus poussée des opérations de production ainsi que la relocalisation ou la menace de relocalisation de ces opérations, qui permet à ces firmes non seulement de s'émanciper du contrôle des autorités des territoires d'accueil, mais aussi de flexibiliser l'attitude de ces autorités ou des forces sociales ayant pouvoir sur un territoire quelconque.

Il faut donc absolument canaliser l'action des multinationales tout en les laissant continuer à agir de façon créatrice : il faut leur tracer, par concertation entre les États, un cadre sociopolitique et juridique dans lequel elles puissent se développer à l'échelle planétaire pour le bien de tous. Mais le meilleur moyen de limiter la puissance des multinationales, de neutraliser leurs effets nuisibles est de contrôler leur dynamisme par d'autres dynamismes, c.-à-d. de diversifier les activités productives, de susciter l'apparition d'autres activités sur lesquelles il est possible d'appuyer le développement de l'économie et le financement de la collectivité nationale.

BIBLIOGRAPHIE SÉLECTIVE

ADDA, J. (1996), La mondialisation de l'économie, Découverte ;

ALEMAND, S., RUANO-BARBALAN, J-C. (2005), La mondialisation, Le Cavalier Bleu ;

ANDREFF, W. (1996), Les multinationales globales, Paris, La Découverte ;

BADIE, B. (2002), Qu'est-ce que la mondialisation ?, Paris, La Découverte ;

Banque mondiale (1995), Les perspectives économiques mondiales et les pays en voie de développement, Economica ;

BENHAMOU, L. (2005), Le grand bazar mondial, Bourin ;

BRASSEL, J. (2005), Un monde meilleur ?. Pour une nouvelle approche de la mondialisation, Armand Colin ;

CHESNAIS, F. (1994), La mondialisation du capital, Alternatives économiques, Syros ;

CORDELLIER, S, DOUTAUT, F. (1997), La mondialisation au-delà des mythes, Découverte ;

-COHEN, D. (2004), La mondialisation et ses ennemis, Grasset ;

DELAPIERRE, M., MILELLI, C. (1995), Les firmes multinationales, des entreprises au cœur d'industries mondialisées, Thématèque ;

FERRANDERY, J.L. (1996), Le point sur la mondialisation, PUF ;

GIRAUT, P-N (1996), L'inégalité du monde, économie du monde contemporain, Gallimard ;

FONTANEL, J. (2005), La globalisation en analyse-Géo économie et stratégie des autres,
HATEM, D. (1996), Les sociétés multinationales dans la mondialisation de l'économie, CRESSEA ;
HATEM, F. (1995), Les multinationales de l'an 2000, les nouvelles tendances de l'investissement internationales, Economica ;
HORTMAN, D. (1996), Les délocalisations d'entreprises, CRESSEA ;
LAFAY, G. (1996), Comprendre la mondialisation, Economica ;
MICHALET, Ch-A.(1976), Le Capitalisme Mondial, Paris, Presses Universitaires de France ;
MICHALET, Ch-A. (2002), Qu'est-ce que la mondialisation ?, Paris, La Découverte ;
MINC, A. (1997), Mondialisation heureuse, Plon ;
MOUTARD, F, (2002), Le Pouvoir des transnationales – le point de vue du Sud, 2002, L'Harmattan ;
MUCHIELLI, J-L. (1998), Multinationales et mondialisation, Seuil ;
NORBERG, J. (2004), Plaidoyer pour la mondialisation capitaliste, Plon ;
VILLEMUS, P. (2005), Délocalisation, Seuil.
REICH, R. (1993), L'économie mondialisée, Dunod.

TABLE DES MATIÈRES

II. LES MULTINATIONALES ET LA MONDIALISATION ÉCONOMIQUE

RELATIONS INTERNATIONALES
AUX ÉDITIONS L'HARMATTAN

Dernières parutions

LE TERRORISME, UNE ÉPÉE DE DAMOCLÈS SUR LES ETATS
Entre vengeance et revendications

Michel Innocent Peya

La notion de terrorisme se définit par toute tactique d'emploi de la violence à des fins politiques, en vue de déstabiliser et de frapper massivement l'opinion publique et les États concernés, tactique devenue une gangrène sociétale contemporaine. Pour l'éradiquer, l'auteur expose ses préconisations, permettant de conduire les tendances mondiales à lutter contre ce fléau. Pour y arriver, il convient de canaliser les efforts afin de prendre en considération les revendications des minorités. Avant d'évoquer les conséquences, il relève d'abord les origines et les causes du terrorisme avant de proposer des pistes des solutions idoines.

(230 p., 22 euros)

ISBN : 978-2-343-17791-5, EAN EBOOK : 9782140122118

LES INITIATIVES DE SÉCURITÉ AU MAGHREB ET AU SAHEL
Le G5 Sahel mis à l'épreuve

Abdennour Benantar

L'espace sahélo-maghrébin constitue un condensé d'instabilités et d'insécurités dans le continent africain. Cet ouvrage propose une perspective analytique et critique des dynamiques de sécurité dans la région, en se focalisant sur la multiplication des initiatives de sécurité notamment la dernière en date, le G5 Sahel. Au lieu de générer de la stabilité, ces processus, plus concurrents que complémentaires, génèrent plutôt des tensions et alimentent des rivalités dont ils découlent. Souffrant d'un déficit de légitimité, le G5 Sahel fait face à un écueil majeur : son insertion dans un paysage régional saturé. Son devenir dépend plus des engagements extérieurs et du soutien régional que de l'implication de ses propres États membres.

(Coll. Perspectives stratégiques, 280 p., 28 euros)

ISBN : 978-2-343-17181-4, EAN EBOOK : 9782140121890

LES OPÉRATIONS DE MAINTIEN DE LA PAIX EN AFRIQUE
L'AMISOM et la MINUSMA

Rémy Mbida Mbida

Préface de Marcellin Nguele Abada

Le maintien de la paix est un champ de recherche déterminant dans les études internationales. Cet ouvrage offre une lecture des opérations de paix dans les contextes terroristes à travers la MINUSMA et l'AMISOM et une réflexion originale sur la place de la lutte antiterroriste dans les opérations de paix et l'influence du terrorisme sur l'évolution, l'histoire du maintien de la paix onusien en particulier. On y trouvera une comparaison de l'approche de l'ONU et de l'UA dans les théâtres terroristes et l'influence tant de la MINUSMA que de l'AMISOM dans la construction théorique des opérations de paix d'une part et la pratique de celles-ci d'autre part.

(Coll. Emergences africaines, 150 p., 16,5 euros)

ISBN : 978-2-343-15695-8, EAN EBOOK : 9782140120572

TERRORISME ET DROITS DE L'HOMME AU SUD DU SAHARA

Edouard Epiphane Yogo, Henry Boah Yebouet

En faisant le tour d'horizon sur les automatismes stratégiques contre-terroristes et la mécanique opérationnelle antiterroriste des acteurs du champ de l'ordre et du désordre, les auteurs de cet ouvrage font le lien entre la manière dont la lutte contre le terrorisme se pense, s'organise, s'opère et s'évade tout étant soucieux d'examiner sa relation avec la question des droits de l'homme. Peut-on vaincre le terrorisme sans remettre en cause les droits de l'homme au sud du Sahara ?

(Coll. Études africaines, 246 p., 26 euros)

ISBN : 978-2-343-17326-9, EAN EBOOK : 9782140120152

COOPÉRATION INTERNATIONALE ET TERRORISME EN AFRIQUE

L'expérience africaine du droit de poursuite terrestre

Maurel Sosthène Onomo Etaba

Préface d'Anne-Sophie Traversac

Comment s'applique le droit de poursuite terrestre face à l'insécurité transfrontalière en Afrique ? En effet, depuis les années 1960, les conflits n'ont cessé d'évoluer dans cette partie du monde. De confrontations interétatiques ils se sont transformés en une lutte commune contre la criminalité transfrontalière. Cette mutation implique une nouvelle dynamique dans les rapports entre les pays africains. Elle permet aussi d'observer les mécanismes qu'ils mettent en oeuvre face à cette menace. C'est dans cet engrenage qu'apparait la notion de droit de poursuite terrestre qui se révèle comme une alternative crédible dans les problématiques sécuritaires africaines.

(Coll. Études africaines, 262 p., 26 euros)

ISBN : 978-2-343-17083-1, EAN EBOOK : 9782140117183

QUELLE FRANCOPHONIE EN GUYANE ?

Edmond Jouve

Préface de Rodolphe Alexandre, président de l'Assemblée de Guyane. Retranscription par Jean-Yves Brunerie et Marie-Claude Citeau. Avec la participation de la Région Guyane.

Les XIIe Rencontres Internationales Francophones de la Ville de Gourdon, dont les échanges sont retranscrits dans ce livre, soulignent l'originalité que confère à la Région Guyane sa position unique de terre française en Amérique du Sud. Ce contexte global polyphone oblige la langue française à soutenir dans cette partie du continent le combat de la spécificité et de la diversité culturelle.

(268 p., 30 euros)

ISBN : 978-2-343-15375-9, EAN EBOOK : 9782140112614

LE G5 SAHEL. LE NOUVEAU RÉGIONALISME SÉCURITAIRE EN AFRIQUE DU NORD-OUEST

Ayrton Aubry
Préface de Frédéric Ramel

Le cadre régional de coopération entre la Mauritanie, le Mali, le Burkina Faso, le Niger et le Tchad se présente comme une solution innovante aux problématiques saheliennes, liant la sécurité et le développement. Or, les menaces identifiées au Sahel ont plutôt suivi un processus désormais classique de « sécuritisation », dont les États saheliens en sont les auteurs. Ce qui est original en revanche est sa dimension collective. Cette caractéristique permet d'identifier un « concert de puissances » dans le Sahel, dans lequel le G5 Sahel s'inscrit, avec l'extraversion comme mode de fonctionnement et le maintien des régimes comme finalité.

(Coll. Études africaines, 182 p., 19 euros)

ISBN : 978-2-343-16025-2, EAN EBOOK : 9782140112386

LA CHINE, MIROIR DE NOS PASSIONS

Radiographie de la sinophilie et de la sinophobie

Claude Geoffroy

L'Europe, en particulier la France, a de tout temps entretenu avec la Chine une relation passionnelle alternant des moments d'engouements et des accès d'hostilité. Au gré d'une confrontation des écrits produits sur la Chine à diverses époques (Lettres des jésuites arrivés en Chine au XVIIe siècle, articles des philosophes des Lumières, littérature maoïste, ouvrages représentatifs actuels) se dessinent certaines inclinations, tantôt révélatrices des passions d'une époque, tantôt symptomatiques de penchants plus profonds.

(Coll. Questions contemporaines, 150 p., 16,5 euros)

ISBN : 978-2-343-16674-2, EAN EBOOK : 9782140111662

GISEMENTS TRANSFRONTALIERS DE PÉTROLE DANS LE GOLFE DE GUINÉE

Principe du droit international pour une exploitation pacifique

Zoulica M. Rane
Préface de Marie-Thérèse Chantal Mfoula - Postface de Giacomo Luciani

Des guerres sanglantes ont été déclenchées dans l'histoire contemporaine pour le contrôle des gisements pétroliers. Dans un contexte régional africain marqué par la persistance des différends frontaliers liés à l'appropriation des espaces maritimes riches en hydrocarbures, le présent ouvrage s'interroge sur les règles proposées par le droit international pour une exploitation pacifique et durable des ressources traversant les délimitations maritimes des États côtiers du golfe de Guinée.

(Coll. Harmattan Cameroun, 164 p., 17,5 euros)

ISBN : 978-2-343-16529-5, EAN EBOOK : 9782140111334

LA RÉCONCILIATION APRÈS UN CONFLIT VIOLENT

La situation des Hema et des Lendu dans l'Ituri en RDC

Augustin Wiliwoli Sibiloni
Préface de Hervé Pourtois

Comment penser le traitement du conflit entre les Hema et les Lendu dans l'Ituri en

RDC ? Conflit qui aurait déjà occasionné plus de 60 000 morts et au moins 50 000 déplacés, sans compter les blessés, et qui continue de causer des désolations jusqu'à ce jour. L'intervention armée ne saurait suffire à garantir la paix entre les protagonistes. Il convient de percevoir l'importance du dialogue reconstructif, du don cérémoniel mutuel et de l'acte contractuel dans un tel processus.

(Coll. L'Afrique des Grands Lacs, 210 p., 21,5 euros)

ISBN : 978-2-343-15404-6, EAN EBOOK : 9782140107948

LE BASCULEMENT GÉOPOLITIQUE DE L'AFRIQUE DES GRANDS LACS

Décennie 1990

Alain Flavien N'Kisi

Préface de Tanguy de Wilde d'Estamel

Les événements de la décennie 1990 au Burundi, au Rwanda et en République Démocratique du Congo ont entraîné le bouleversement de la géopolitique au sein de l'Afrique des Grands Lacs. La déstabilisation actuelle de l'Est de la RDC a pour origine le génocide rwandais de 1994. À travers cet ouvrage, l'auteur analyse les axes principaux du bouleversement de l'Afrique des Grands Lacs.

(Coll. Afrique des Grands Lacs, 166 p., 18 euros)

ISBN : 978-2-343-16040-5, EAN EBOOK : 9782140106316

L'ONU ET LA RÉSOLUTION DU CONFLIT AU SAHARA OCCIDENTAL DE 1975 À NOS JOURS

Enjeux et perspectives

Marie-Chantal Gatta

Depuis le départ des Espagnols du Sahara occidental en 1976, la population de cette ancienne colonie lutte pour que soit appliqué le droit à l'autodétermination qui lui a été reconnu par les instances internationales. Vingt-quatre ans après l'instauration du cessez-le-feu en 1991, l'ONU n'est toujours pas parvenue à dégager une solution acceptable pour l'ensemble des acteurs de ce conflit. L'exécution du plan de paix est aujourd'hui gelée. Les considérations politiques ont continuellement eu la priorité sur le droit international et la doctrine onusienne relative à la décolonisation et à l'autodétermination.

(Coll. Harmattan Côte-d'Ivoire, 234 p., 25 euros)

ISBN : 978-2-343-16050-4, EAN EBOOK : 9782140103926

UN INTELLECTUEL AFRICAIN EN MARCHE

50 ans de réflexions en relations internationales

Berhane Cahsai

Ce recueil de documents reproduits en fac-similé s'intéresse à la géopolitique et aux relations internationales de l'Afrique et, plus largement, du contient africain avec l'Europe en particulier, et le monde occidental en général. Il regroupe les observations d'un Africain qui a quitté le pays en 1966 pour faire ses études de droit dans la capitale européenne, Bruxelles. Avant de quitter sa terre natale, le jeune étudiant est venu en Europe avec une seule idée en tête : comprendre les raisons de la différence du niveau de vie entre les Européens et leurs compatriotes

(244 p., 29 euros)

ISBN : 978-2-343-15919-5, EAN EBOOK : 9782140103629

Structures éditoriales du groupe L'Harmattan

L'Harmattan Italie
Via degli Artisti, 15
10124 Torino
harmattan.italia@gmail.com

L'Harmattan Hongrie
Kossuth l. u. 14-16.
1053 Budapest
harmattan@harmattan.hu

L'Harmattan Sénégal
10 VDN en face Mermoz
BP 45034 Dakar-Fann
senharmattan@gmail.com

L'Harmattan Cameroun
TSINGA/FECAFOOT
BP 11486 Yaoundé
inkoukam@gmail.com

L'Harmattan Burkina Faso
Achille Somé – tengnule@hotmail.fr

L'Harmattan Guinée
Almamya, rue KA 028 OKB Agency
BP 3470 Conakry
harmattanguinee@yahoo.fr

L'Harmattan RDC
185, avenue Nyangwe
Commune de Lingwala – Kinshasa
matangilamusadila@yahoo.fr

L'Harmattan Congo
67, boulevard Denis-Sassou-N'Guesso
BP 2874 Brazzaville
harmattan.congo@yahoo.fr

L'Harmattan Mali
Sirakoro-Meguetana V31
Bamako
syllaka@yahoo.fr

L'Harmattan Togo
Djidjole – Lomé
Maison Amela
face EPP BATOME
ddamela@aol.com

L'Harmattan Côte d'Ivoire
Résidence Karl – Cité des Arts
Abidjan-Cocody
03 BP 1588 Abidjan
espace_harmattan.ci@hotmail.fr

L'Harmattan Algérie
22, rue Moulay-Mohamed
31000 Oran
info2@harmattan-algerie.com

L'Harmattan Maroc
5, rue Ferrane-Kouicha, Talaâ-Elkbira
Chrableyine, Fès-Médine
30000 Fès
harmattan.maroc@gmail.com

Nos librairies en France

Librairie internationale
16, rue des Écoles – 75005 Paris
librairie.internationale@harmattan.fr
01 40 46 79 11
www.librairieharmattan.com

Librairie l'Espace Harmattan
21 bis, rue des Écoles – 75005 Paris
librairie.espace@harmattan.fr
01 43 29 49 42

Lib. sciences humaines & histoire
21, rue des Écoles – 75005 Paris
librairie.sh@harmattan.fr
01 46 34 13 71
www.librairieharmattansh.com

Lib. Méditerranée & Moyen-Orient
7, rue des Carmes – 75005 Paris
librairie.mediterranee@harmattan.fr
01 43 29 71 15

Librairie Le Lucernaire
53, rue Notre-Dame-des-Champs – 75006 Paris
librairie@lucernaire.fr
01 42 22 67 13

www.ingramcontent.com/pod-product-compliance
Lightning Source LLC
LaVergne TN
LVHW021232061026
849535LV00008B/3022